JN115100

若手弁護士のための

弁護実務入門

Legal Practice Guide for Young Lawyers

中尾 巧
Nakao Takumi

成文堂

はしがき

弁護士の活躍を描く人気テレビドラマといえば、「事件」、「ＳＵＩＴＳ／スーツ」、「リーガル・ハイ」、「９９・９刑事専門弁護士」などが思い浮かびます。ストーリーとしてはなかなか面白いが、現実の場面となると、ドラマ通りに事は進まないものです。

弁護士が取り扱う案件は個性があって一様ではありません。そこには必ず背景があり、多くの関係者の利害が複雑に絡み合うものです。とはいえ、弁護士は、法と現実との矛盾に悩みながら、様々な隘路を乗り越え、一つ一つの法律案件を適切に解決していかなければなりません。そのプロセスを明らかにすれば、実務に役立つ法律知識だけではなく、実践的な知見やノウハウなどを得ることができると思います。

これらの情報は、若手弁護士や企業の法務担当者にとっては極めて有益なものといえるでしょう。ただ、理解を深めるために具体的な事例を題材とする必要がありますが、守秘義務を考えると、架空の登場人物に内容を語らせるしかありません。

そこで、本書では、架空の「淀屋総合法律事務所」の弁護士柳生英五郎を主人公とし、若手弁護士や経験豊富な弁護士らを登場させ、様々な場面で活躍する姿を描いています。

そして、題材としてフィクションとはいえ、刑事・民事・家事・税務・労働・交通・知財・国際関係事件など様々な案件を取り上げ、二部構成のストーリー形式にして案件処理のプロセスなどを分かりやすく解説しています。

第一部「基礎実務編」では、若手弁護士が習得すべき基礎的な知識や弁護実務を中心に言及し、第二部「専門実務編」では、主に弁護士の専門分野における実践的な知見やノウハウを紹介し、若手弁護士にとって自らの専門分野を見出すための道しるべになるよう工夫しました。

本書は、若手弁護士や企業の法務担当者にとって直ぐに役立つ実務書であるだけでなく、司法修習生や大学の法学部生・法科大学院生のサブテキストとしても活用できると思います。

なお、本書は、拙書『弁護士浪花太郎の事件帖』をベースにして、若手弁護士向けに、既存の題材を取捨選択した上で大幅な修正加筆を施し、新たな題材を加えて再構成して取りまとめたものです。

最後に、本書の出版に当たり、弁護士法人淀屋橋・山上合同の弁護士諸氏、株式会社成文堂『刑事法ジャーナル』編集長の田中伸治さんには、数々の助言をいただくなど大変お世話になりました。ここに記し、厚くお礼を申し上げます。

令和四年八月

中　尾　　巧

目　次

第二部　専門実務編

第一部

基礎実務編

児童福祉法違反

「物乞い」

新聞記事

いつものように柳生英五郎弁護士が新聞三紙に目を通していると、

「子供に物乞い強要〝日銭〟を稼いだ父親」

という見出しが目にとまった。

「定職を持たない父親が男児（一一歳）に、夜の繁華街で道行く人に物乞いをさせ日銭を稼いでいた。昨日、舞洲警察署少年課は、父親の岡本雄平（三三歳）を、児童にこじきをさせる行為を禁止する児童福祉法違反容疑で逮捕した。捜査関係者は『わが子を陥れる非道な犯罪』と憤る。令和の日本に貧困国のストリートチルドレンを連想させる事件だ。」とある。

記事は続く。

「タクシー運転手から『山坂駅前で男の子が物乞いをしている。』との一一〇番通報を受け、数日前から警察官が駅周辺を重点パトロールしていた。事件当日、男の子が『財布を落としたので、一〇〇円でもいいから貸してください。』と通行人の女性に物乞いをした。不憫に思った女性が一〇〇円玉二枚をあげたのを、パトロール中の警察官が現認して声をかけた。そのとき、近くの路上に駐車中の軽乗用車が発進しようとしたため、警察官が運転席の男に職務質問をした。男はその少年の父親だった。その後、少年は児童相談所に保護されたという。」

新聞を読み終えた柳生弁護士は「戦後の混乱期ならいざ知らず、令和の今日、子供にこじきまでさせる事件が起こるとは……。」と、ため息をつく。

当番弁護士制度

午後から事務所に出た柳生弁護士がパソコンのメールチェックをしていると、中山雅典弁護士が執務室に顔を見せた。

彼は淀屋総合法律事務所の若手弁護士で登録三年目だ。精力的に仕事をこなし、刑事事件の国選弁護も引き受け、弁護士会の当番弁護士の登録を済ませている。

当番弁護士制度は全国の弁護士会で採用されているが、制度自体は法令に根拠があるものではない。各弁護士会活動の一つである。

この制度のお陰で、刑事事件で逮捕された被疑者の場合、弁護士会から派遣される当番弁護士と接見し、そのアドバイスを受けることができるのだ。

例えば、被疑者が警察で「当番弁護士を呼んでください。」と頼むと、その旨弁護士会に連絡してくれることになっている。その日のうちに、当番弁護士が警察署に駆けつけ、被疑者と接見する仕組みだ。

一回目の接見の費用は無料だが、引き続き弁護を依頼する場合には、費用は自己負担(注1)になる。被疑者が勾留された場合、貧困その他の事由により私選弁護人を選任できないときは、裁判官に対し国選弁護人の選任を請求できる(刑事訴訟法第三七条の二)。

児童福祉法違反事件

「中山君、最近、刑事事件の弁護をやっていますか?」

と、柳生弁護士が訊ねた。

「物乞い」

「はい、今日の午前中、当番弁護士として舞洲警察署で被疑者と接見してきました。」

「どんな事件ですか？」

「父親が小学校五年生の長男にこじきをさせて日銭を稼いでいたという珍しい事件です。児童福祉法で児童にこじきをさせる行為が禁止されていて、罰則もあることを知りませんでした。」

と、中山弁護士が正直に述べた。

関係条文

児童福祉法第三四条第一項第二号は、「児童にこじきをさせ、又は児童を利用してこじきをする行為」を児童保護のために禁止行為としている。これに違反した者は、三年以下の懲役若しくは一〇〇万円以下の罰金に処され、又は併科される（同法第六〇条第二項）。[注2]

なお、同法第四条第一項では、児童とは「満一八歳に満たない者」をいい、乳児、幼児及び少年とされている。乳児とは「満一歳に満たない者」（第一号）、幼児とは「満一歳から小学校就学の始期に達するまでの者」（第二号）、少年とは「小学校就学の始期から、満一八歳に達するまでの者」（第三号）をいう。

柳生弁護士は、頷きながら、「そうだよ。事件のことなら、今朝の新聞で読んだよ。山坂駅前で通行人から二〇〇円だったかな、こじきをさせた事件だろう。」と、言った。

「そうです。」

「事件の見通しはどうなんですか？」

「そうですね。父親から話を訊いた感じでは、明日には送検されますが、起訴まではされないと思っているのですが……。」

「そう考えるのはどういう理由からですか？」

と、柳生弁護士が質問する。

「父親が長男の賢太君にこじきをさせていた期間は二か月で、回数も週に二、三回です。併せても二〇回くらいにしかなりません。父親は日雇の土木作業員ですが、最近仕事が少なく、日々の生活費に困っていたようです。それで、仕方なく、長男にこじきをさせたと言っています。父親には前科前歴もありませんし、反省もしています。事件としては不起訴になる可能性は十分あると思うのですが……。」

「不起訴になるかどうか微妙な事件だと思うよ。」

「そうですか……。」と、腑に落ちない顔つきで中山弁護士は少し口ごもった。

ここは事実関係をもう少し詳しく訊いておくべきではないかと思った柳生弁護士は、

「そうそう、事件当日、母親は一体どこで、何をしていたんですかね？」

と、訊ねた。

「賢太君の母親は父親と数年前に離婚しました。賢太君を父親が引き取り、公営の賃貸住宅で二人暮らしていたようです。」

と、中山弁護士が答えた。

「そうすると、父親が賢太君に具体的にどのように言ってこじきをさせていたのかが重要になりますね。何と言ってこじきまでさせていたのですか？」

と、柳生弁護士が核心を突く質問をした。

「賢太君には『金が足らへん。お金、どうする？　財布を落としたと言えば、知らない人でもお金をくれる。賢太、やってくれるか。』と言って頼んでいたようです。」

「父親から、そう言われたら、子供としてはこじきをするしかないね。新聞記事にも書いてあったが、確か、父親は、毎回少し離れた所から、賢太君がこじきをするところを見守っていたんでしょう。」

「そうです。」

と、中山弁護士が頷く。

「賢太君もかわいそうだなあ。」

「私も同感です。」

「こじきをさせて稼いだのは総額でいくらになったの？　それと、使い道について父親はどう説明しているのですか？」

「総額で一万円くらいです。すべて食費に充てたと言っています。」

柳生弁護士は、一呼吸おいて言った。

「事件の内容はおおよそ分かりましたが、大事なことは、明日、検察官と面談し、父親を勾留請求しないで、直ちに釈放して以後在宅で捜査してもらうよう陳情することだよ。起訴・不起訴の話はその次ですよ。」

「分かりました。ありがとうございます。」

そう言って中山弁護士は退室した。

勾留の要否

翌日、中山弁護士は、地検刑事部に電話し、父親の事件を担当するのが藤波輝明検事であることを教えてもらい、早速、検事とアポイントメントを取った上、面談し、父親を勾留請求せずに釈放してくれるよう陳情した。

藤波検事は「被疑者の弁解を聴取した上で、判断して連絡します。」と、簡潔に返答した。

その日の夕刻、藤波検事から中山弁護士に電話が入った。父親は舞洲警察署に戻され、釈放手続中とのことだった。

当番弁護士としての役目を終わった中山弁護士としては、今後、在宅で捜査が継続されるものの、父親の刑事処分がどのようになるか、予測はつかなかった。

柳生弁護士の独り言

柳生弁護士は、仮に自分が検察官として今回の事件の捜査処理を担当するとしたら、どのような刑事処分にするだろうかと、考えを巡らしてみた。

まず釈放した父親を再度取り調べる。

おそらく父親は、「子供にはかわいそうなことをしました。深く反省しています。二度と子供にこじきをさせません。」と、約束するだろう。

次に子供から事情を聴くと、

「お父さんに頼まれて仕方なくやりました。お父さんは悪くありません。」と言って、子供は父親を庇うに違いない。そうであれば、少なくとも良好な親子関係だろう。

この事件の場合、証拠上、父親が児童にこじきをさせた行為として特定できるのは、おそらく警察官が現認した一回だけになると思われる。そうすると、被害金額が僅か二〇〇円にすぎない軽微な事件だともいえるかもしれない。しかも、父親の動機に同情の余地がないとも言い切れない。情状を酌量して起訴猶予(注3)にするのが妥当な処理ではないか。

その一方で、父親は、週に二、三回のペースで二か月間もこじきをさせたのだから、常習的な犯行だといえるだろう。今回の事件では、一一歳の賢太君に発育上かなりの心理的な悪影響を与えていることは間違いない。しかも再犯の可能性も否定できない。ならば、罰金刑での処理が相当とも考えられるが、父親には罰金を支払う資力がない(注4)。

起訴か不起訴かいずれの処分も十分に可能だ。考えれば考えるほど結論を出せない。所詮、堂々巡りになる話ではないか、それが結論かもしれない。

いずれにせよ、弁護士が刑事弁護活動を行う場合、検察官の思考過程を知っていると、何かと役立つものだ。そう呟く柳生弁護士だった。

（注1）逮捕されている勾留前の被疑者については、その者に資力がなくても、弁護士を依頼することができるように援助する「刑事被疑者弁護援助制度」を利用することができる。この制度は日本司法支援センター（通称「法テラス」といい、刑事・民事を問わず、国民がどこでも法的なトラブルの解決に必要な情報やサービスの提供を受けられるようにしようという構想のもと、総合法律支援法に基づき、平成一八年四月一〇日に設立された法務省所管の公的な法人）が運営している。

（注2）民法改正（平成三〇年法律第五九号）により、令和四年四月から、成年年齢が二〇歳から一八歳に引き下げられた（民法第四条）ため、児童福祉法の「児童」と定義にズレがなくなった。

（注3）起訴猶予とは、被疑者が犯罪を犯したことを証明できる明白な証拠がある場合において、被疑者の性格、年齢及び境遇、犯罪の軽重及び情状並びに犯罪後の情況により訴追する必要がないときにする処分をいい、不起訴処分の一つで、起訴便宜主義（刑事訴訟法第二四八条参照）に基づくものである。

（注4）罰金を言い渡すときは、言渡しと同時に、主文で、罰金を完納することができない場合に労役場に留置する旨を言い渡さなければならない（刑法第一八条第四項）。労役場留置の期間は、罰金の場合、一日以上二年以下の期間で定める（同条第一項）。実務では、例えば「罰金を完納することができないときは、金五〇〇〇円を一日に換算した期間（端数は一日に換算する）被告人を労役場に留置する。」というように言い渡される。

名誉毀損
「不倫の代償」

離婚請求

今回は、中山弁護士が受任した離婚請求事件から始まる。事の経緯は次の通りである。

ＩＴ業界大手の「スペース」の社員山内豊彦は、同僚の後藤千代と結婚したが、新婚直後から土日も休むことなく、深夜遅くまで営業に駆け回る毎日だった。同期のトップを切って開発事業部の営業一課長になったが、子供には恵まれず、いつしか夫婦仲も冷え込んでいった。五年前から、千代に隠れて部下の坂本倫子（当時二五歳）と交際を始め、いつしか深い仲になった。

一方、千代は、夫が外泊することが多くなったことから、夫に女性がいるのではないかと疑いを抱き、探偵事務所に浮気調査を依頼した。

暫くして、探偵事務所の調査報告書が届いた。そこには、坂本倫子と共にホテルに入る豊彦の写真も添付されていた。

千代は、夫に証拠写真を見せ、倫子との関係について詰問したが、夫からは「一度きりの浮気だった。今は倫子と付き合っていない。」と、弁解された。

どうしても納得できない千代は、毎日のように夫を難詰したものの、夫の態度は変らなかった。千代は夫に対する腹いせのため、近所の花屋の若い店員を誘惑し、肉体関係を持った。

このことを千代から聞かされた豊彦は、これ以上結婚生活を続けるのは無理だと判断し、三年前から千代と別居したが、その一方、坂本倫子からは結婚を迫られるようになった。遂に、離婚を決意した豊彦は、令和二年一月、離婚調停を申し立てたが、調停は不調に終わった。

豊彦は、千代との婚姻を継続することを困難にした責任が自分にある、いわゆる有責配偶者であることから、裁判を起こすべきかどうか思い悩んだ末、中山弁護士に依頼し、同年四月、民法第七七〇条第一項第五号の「その他婚姻を継続し難い重大な事由」があることを理由に離婚訴訟を提起した。

かつては、有責配偶者からの裁判上の離婚請求を認めるべきではないとの見解も有力だったが、最高裁判決[注1]が、「夫婦の別居が両当事者の年齢及び同居期間の対比において相当の長期間に及び、その間に未成熟の子が存在しない場合には、相手方配偶者が離婚により精神的・社会的・経済的に極めて苛酷な状態におかれる等離婚請求を認容することが著しく社会正義に反するといえるような特段の事情の認められない限り」、有責配偶者から離婚請求することは許されるとの判断を示したため、この問題は決着した。

手紙

離婚の裁判が始まると、千代は思わぬ行動に出た。

千代は、スペースの開発事業部の部長と企画課長、開発課長、営業二課長の四人宛てに同じ内容の手紙を郵送した。いずれの消印も「令和二年五月二〇日」付けだった。

手紙には「私の夫豊彦は、営業課の女性と不倫しています。管理者としての資格のない男です。」と書かれていた。

山内豊彦は、開発事業部長から呼び出され、「これは君の方で始末しなさい。同じものが課長らにも届いているようだ。」と言われ、千代からの手紙を手渡された。

このことを豊彦から連絡を受けた中山弁護士は、千代が開発事業部長に宛てた手紙を、婚姻を継続し難い重大な事由を裏付ける証拠として裁判所に提出した。

令和三年四月二〇日、裁判上の離婚を認める判決が出た。

その後、スペース本社に千代から土佐容堂社長宛の封書が届いた。消印は同月三〇日付けだった。その翌日、土佐社長が封を開けると、千代からの手紙と判決文の写しが同封されていた。手紙には、

「前略、元夫の山内豊彦の不貞は明らかです。参考までに判決書の写しを同封します。ご賢察くださいませ。草々　後藤千代」

と記されていた。

同封の判決の写しを読むと、山内豊彦と坂本倫子との約五年にわたる不貞行為のみならず、千代の不貞行為もあったと認定されていた。

土佐社長は、速やかに山内豊彦に対し、弁護士と相談し、然るべき対処をするようにと命じ、千代からの封書を手渡した。

豊彦は、中山弁護士に千代を名誉毀損罪で刑事告訴してくれるよう依頼した。そこで、中山弁護士は、刑事告訴事件に精通する柳生弁護士に相談に乗ってもらうことにした。

公然性と事実の摘示

刑法第二三〇条第一項は「公然と事実を摘示し、人の名誉を毀損した者は、その事実の有無にかかわらず、三年以下の懲役若しくは禁錮又は五〇万円以下の罰金に処する。」と規定している。

名誉とは、人の人格的価値について社会から受ける客観的な価値、すなわち人の社会的な評価である。名誉毀損行為とは、人の社会的な評価を低下させるに足りる行為をいう。要するに、名誉毀損罪は、①公然性、②人の社会的評価を低下させるような具体的な事実の摘示（事実の指摘ないし表示）があったことが犯罪の成立要件になっている。(注2)

今回のケースでは、千代に①及び②の要件に該当する事実が認められるかどうかを検討しなければならない。

これまでの経緯などについて中山弁護士から説明を受けた柳生弁護士は、

「今回の件では、刑事告訴するに当たって、どのような点について検討されたのですか？」

と、中山弁護士に質問した。

「まずは②の要件からです。開発事業部長と各課長に宛てた手紙には『私の夫豊彦は、営業課の女性と不倫しています。管理者としての資格のない男です』と、社長に宛てた手紙には『元夫の山内豊彦の不貞は明らかです』と、それぞれ具体的な事実が記されています。事実の摘示があるといえると思います。」

と、中山弁護士が答えた。

「そうだね、それに判決書の写しまで参考に同封されているので、それを読めば、更に詳しい具体的事実が分かるわけだね。」

「そうです。次は①の公然性です。仮に事実を摘示したとしても、それが公然とされていなければ、名誉毀損罪に問うことはできないからです。公然とは不特定又は多数の者が知ることができる状態をいうとするのが判例(注3)・通説です。千代さんが手紙を郵送した先は、不特定ではなく特定されていますが、人数は社長ら合計五人ですので多数といえると思います。」

「多数とは、単に複数というだけでは足りず、相当の多数をいうとされていますので(注4)、まあ、相当の多数と考えても構わないかもしれないが、特定かつ少数だと考える余地もある。微妙なところだろうね。」

と、柳生弁護士が消極的な意見を述べた。すると、中山弁護士は、やや肩を落とし、「名誉毀損罪の告訴は諦めるべきでしょうか。」と、言った。

親告罪と告訴期間

「そう結論を急がないでください。少し確認しておきたいのですが、山内課長が開発事業部長に呼び出されて、千代さんの手紙を渡されたのはいつだったのですか？」

と、柳生弁護士が訊ねた。

「確か、山内課長は、封書の消印が令和二年五月二〇日付けだったので、その日から数日以内に渡されたと思うと言っていました。」

「そうすると、今からほぼ一年前のことですね。」

「それが何か。」

と、中山弁護士は怪訝そうな顔をした。

柳生弁護士は告訴期間などについて分かりやすく説明した。

「名誉毀損罪は、刑法第二三二条で親告罪とされているので告訴がなければ公訴を提起できないし、刑事訴訟法第二三五条に告訴期間の定めがあって、『犯人を知つた日』から六か月を経過したときは告訴ができないことになっているだろう。だから開発事業部長と三人の営業課長に宛てた手紙による名誉毀損については、既に告訴期間が経過しており、告訴できないことになるんだよ。」

「告訴期間のことは失念していました。要するに土佐社長宛の手紙によるものだけが告訴の対象になるということですね。」

「そうだね。」

「結局、手紙は土佐社長という特定の一人に宛てたものですから、多数ではなく、公然といえないことになりますね。」

と、中山弁護士が肩を落とす。

「そういうことになりますが、事実を摘示された特定かつ少数の者、つまり土佐社長から不特定又は多数人に伝播する可能性があれば『公然』といえるとするのが判例[注5]・多数説です。これは『伝播性の理論』といわれています。今回の件でもこの伝播性があると認められるのであれば、公然といえるだろうね。」

と、柳生弁護士が解説する。

「伝播性があるかどうかをどのように判断すればいいのですか？」

と、中山弁護士が訊ねた。

「文書による事実の摘示があった事件では、差出人の意図、当該事実の性質、文書の形式・内容、相手方（文書の受領者）の立場、その他具体的な事情を総合的に判断するしかないでしょうね。(注6)」

「もう少し詳しく教えていただけませんか。」

と、言って中山弁護士が先を促す。

「例えば、文書の差出人に名誉毀損の事実を社会的に広める意図があるのか、文書に名宛人の記載があるのか、名宛人が限定されているのか、どのような内容で、それ自体に真実性があると読めるのか、文書の相手方（受領者）がどのような社会的地位・立場にあって差出人とどのような関係にあり、他に伝播させる可能性のある人物なのかなどを確定することが必要です。今回の事件では、土佐社長は、会社の信用を守るべき経営者という立場ですので、社員の不貞行為を社会的に広めようとする意図もないし、その可能性もないと考えられますね。」

「そうすると、やはり刑事告訴は難しいということですか。」

「まあ、そういうことですね。」

「では、民事上の不法行為責任を請求する余地はありませんか。」

と、中山弁護士が問い質した。

「そうですね。民法第七一〇条に基づき、名誉毀損による損害賠償を請求する場合、『公然』とか『事実の摘示』とかは要件とされていないことは間違いありませんが、不法行為が行われたこと、つまり社会的評価を低下させるに足る行為があったことを立証することが必要ですから、民事上の請求でも、事実上、緩やかながらこれらの要件が求められているのです。(注7)今回の件では実際に損害賠償請求が認められるかというと、千代さんの手紙で山内課長の社会的評価が低下しているといえそうですから、可能性はあると思いますね。」

と、柳生弁護士は、的確なアドバイスをした。

中山弁護士は「よく分かりました。民事上の請求の要否も併せ、検討します。」

と、言って退室した。

(注1) 最高裁昭和六二年九月二日判決・民集四一巻六号一四二三頁参照。

(注2) 刑法第二三〇条の二の規定によれば、名誉毀損罪に該当する行為があっても、処罰されない場合がある。それは、公共の利害に関する事実の摘示であって、目的が専ら公益のためであった場合に、摘示された事実が真実であったことの証明があったときである。

また、事実を摘示しなくても、公然と人を侮辱した場合、侮辱罪が成立する(刑法第二三一条)。最近、特にインターネットでの誹謗(ひぼう)中傷が深刻化している現状にあって、侮辱罪の法定刑が拘留(一日以上三〇日未満)又は科料(一〇〇〇円以上一万円未満)と余りにも軽いため、厳罰化を求める機運が高まっていた。これを受け、令和四年六月一三日、刑法の一部が改正され、侮辱罪の刑に「一年以下の懲役若しくは禁錮若しくは三〇万円以下の罰金」が追加され、法定刑が引き上げられた。

（注3）（注4）大審院昭和六年六月一九日判決・刑集一〇巻七号二八七頁、最高裁昭和三六年一〇月一三日判決・刑集一五巻九号一五八六頁参照。

（注5）最高裁昭和三四年五月七日判決・刑集一三巻五号六四一頁参照。

（注6）東京高裁昭和五八年四月二七日判決・判例時報一〇八四号一三八頁参照。

（注7）民事上の名誉毀損については、刑法上の名誉毀損罪の成立要件である『公然性』と同程度の公然性は必要とはいえない（東京地裁平成四年八月三一日・判例タイムズ八一九号一六七頁参照）が、例えば、密室での二人だけのやり取りのように、第三者が全く認識できないという状況下であれば、社会的評価が低下する可能性はなく、不法行為の成立が否定される可能性があり得る（東京高裁昭和三五年九月一二日判決・判例タイムズ一一〇号七七頁参照）。

廃棄物処理法違反

「ゴミの無許可収集・運搬」

粗大ゴミ

今回は柳生弁護士の家庭ゴミの話から始まる。

朝食を取りながら、柳生弁護士が妻に言った。

「我が家のソファもかなり痛んできたね。粗大ゴミに出そうか。」

「そうね。長い間、お世話になりました。クッションも弱くなっているので、潮時かもしれませんね。」

「確か、市が有料で引き取ってくれるんだろう。」

「そうよ。でも、収集日は月一回だし、七日前までに、市の粗大ゴミ受付センターに電話かインターネットで申し込むことになっていますよ。」と妻が言った。

早速、柳生弁護士が市の受付センターに電話すると、受付係から、住所、名前、電話番号のほか、粗大ゴミの品目、個数（ただし一回当たり五個まで）、収集日などを確認され、処理手数料、収集日、受付番号が伝えられた。

処理手数料は、品目ごとに一個三〇〇円から一八〇〇円までと細かく決められているが、ソファ一個は六〇〇円だった。

予め、処理手数料額の粗大ゴミ処理券を、「粗大ゴミ処理券販売所」（コンビニなど）で購入し、見やすい場所に貼ることになっている。

受付係から聞いた受付番号をメモした後、コンビニで粗大ゴミ処理券を買い求め、受付番号を書き入れて、ソファに貼り付けた。

収集日の前日、柳生弁護士は、妻と共にソファをマンションのゴミ置き場まで運んだ。

当日、市の粗大ゴミ収集車がやって来て、ソファを引き取ってくれた。

今や、一般家庭ゴミの分別が進み、ゴミの出し方のルールが確立されているが、過疎地など地域によっては、ゴミの収集・運搬について何かと問題が多いのではないか、そんなことを考えながら淀屋総合法律事務所に出掛ける柳生弁護士だった。

無許可営業

「柳生先生、廃棄物処理法違反事件でお知恵をお借りしたいんですが……。」

と、中山弁護士が切り出した。

「廃棄物事件ですか。今朝、市に粗大ゴミを引き取ってもらったんだよ。まあ、偶然とはいえ、おもしろいね。それで相談とは？」

「実は、㈱グリーンハウスの高田和男社長と従業員が無許可で一般廃棄物の収集・運搬業を営んだ容疑で警察に逮捕・送検され、現在勾留中なんです。会社も書類送検されています。」

「どんな一般廃棄物を収集・運搬したのですか。」

「府下のB市やC市の一二か所から出た古家電や家具などの一般家庭ゴミです。」

「数量はどのくらい？」

「約一五〇立方メートルです。」

「かなりの量だね。無許可で収集・運搬していた期間は？」

「およそ三か月間です。」

「そもそもグリーンハウスは何の会社ですか。」

「宅地建物の売買仲介業を営む会社ですが、三年前から不用品回収業も始めたそうです。」

「有料で不用品を回収する訳ですね。」

「そうです。」

「料金はどのくらいだったのですか。」

「数量によって異なります。一件当たり平均三万円程度ですが、今回の事件では、一〇万円以上の料金を取ったものだけが立件されています。一番高かった料金は一〇〇万円です。」

「一〇〇万円ですか。なぜ、そんな高い料金を取ったのですか。」

「山間部の民家にある物をすべて引き取ったからです。途中までしか回収車が入れないため、人海作戦で大量の不用品を民家から回収車まで運んだそうです。料金が一〇〇万円になったのも相応の理由があったようです。」

柳生弁護士の質問が続く。

「確か、一二か所から出た家庭ゴミを収集・運搬したということでしたね。」

「そのように聞いています。」

「そうすると、警察が立件したのはそれだけなのですね。その分の料金の総額はいくらになったのですか。」

「約四〇〇〇万円です。」

「それなら許可くらいは取って営業すべきだったのじゃないの？」

「それはそうなんです。廃棄物処理法（第七条第一項）(注1)では、一般廃棄物の収集・運搬業を行おうとする者はその営業を行う区域を管轄する市町村長の許可を受けなければならないので、グリーンハウスでも、営業区域内にある三つの市に許可申請をしたのです。ところが、許可が下りたのはA市だけで、残りのB市とC市は許可を与えてくれなかったそうです。」

と、中山弁護士が事情を説明した。

「どうしてですか？」

「高田社長の話では、行政側が業者の既得権を優先させて、新規参入を認めようとしないからだそうです。」

「しかし、行政側としても、申請者に対し、そのことを理由に許可できないとまで言えないでしょう。」

「表向きは、新規の参入を認めると、市の一般廃棄物処理計画に影響を与えるおそれがあるので、当分は無理だと言っているそうです。」

「B市とC市は正式に不許可処分をしたのですか。」

「それが、許可申請から二年近くなるのに、今でも棚晒しにされているそうです。」

「そうですか。」

と、柳生弁護士がため息をつく。

「そんなことで、高田社長も、A市内だけの営業区域として不用品回収業を始めたのですが、何せ、客からの電話一本で、当日か翌日には、粗大ゴミでも引き取りますし、引き取り個数にも制限がないものですから、料金が市より高くても、口コミで評判になって、次第にA市だけではなく、隣接のB市やC市の家庭ゴミも客の注文に応じて収集・運搬するようになってしまったそうです。」

義務付けの訴え

「事情は分かりましたが、もっと早く相談してもらっていたなら、高田社長に義務付けの訴え(注2)を提起するように勧めたでしょうね。」

と、柳生弁護士が言った。

「えっ、義務付けの訴えですか。気がつきませんでした。」

中山弁護士にとっては思いがけない話だった。

「平成一六年に行政事件訴訟法が改正されて、義務付けの訴えが創設されたのです。今回のケースでいうと、許可申請があってから相当の期間内にB市やC市の市長が何らの処分をしていなかった。そうであれば、B市長とC市長がグリーンハウスに一般廃棄物の収集・運搬業の許可処分をするよう命ずることを求める訴えを提起することができるのです。併せて、市長が許可処分をしないという不作為の違法確認の訴えを提起しなければなりませんが……。」

「なるほどね。」

「訴訟になれば、グリーンハウス側としては、B市やC市が許可を与えても、それぞれの廃棄物の処理計画に影響がでないことなどを十分主張・立証する必要があります。」

「義務付けの訴えについてはこれからの検討課題ですが、今は、高田社長らの刑事事件の処分がどうなるかが問題です。」

そう言って、中山弁護士は話を戻した。

有利な情状

柳生弁護士は、六法全書を繰りながら説明を始めた。

「廃棄物処理法は、『廃棄物の処理及び清掃に関する法律』の略称ですが、第二五条第一項第一号は、第七条第一項の規定に違反して、つまり無許可で一般廃棄物の収集若しくは運搬又は処分を業として行った者は、五年以下の懲役又は一〇〇〇万円以下の罰金に処し、又はこれを併科すると規定しています。第三二条第一項第一号の両罰規定が適用されると、法人も三億円以下の罰金刑に処せられますね。結構、罰則が強化されているようだ。」

そう言って、少し考えを巡らして柳生弁護士が言った。

「要するに、三か月間に約一五〇立方メートルの家庭ゴミを、B市とC市の一二か所から、無許可で収集・運搬した、その料金が約四〇〇万円になったということになるが、これだけ大量の廃棄物を収集・運搬した事案となれば、通常、公判請求されるだろうね。」

中山弁護士は、

「私もそうなると思いますが、高田社長が罰金刑にならないと、グリーンハウスは大変なことになるのです。」

　と、不安げに言った。

「高田社長が公判請求されて、禁錮以上の刑に処せられると、グリーンハウスの宅地建物取引業の免許は取り消されるからだろう。(注3)」

　と、柳生弁護士が言った。

「そうなんです。先生、よくお分かりですね。」

「まあね。とにかく高田社長らにとって有利な情状を斟酌してもらえるかどうかだなあ。そのためには何点か確認させてください。まずは、グリーンハウスが収集・運搬した不用品をどのように処分していたのですか。」

「無許可での収集分も含め、全体の七割はリサイクルです。それ以外の不用品は分別した後、木製品はチップ加工し、価値のある鉄、紙等と共に他に売却していたそうです。リサイクルできないものは、市の廃棄物処理場に持ち込まずに、正規の廃棄物処分業者にその処分を委託しているとのことです。」

　すると、柳生弁護士は、鋭い指摘をした。

「見方を変えれば、グリーンハウスの不用品回収事業は、一部が無許可とはいえ、家庭から市町村に出されるべき家庭ゴミの量を減らし、市町村の廃棄物処理事務の負担を実質的に軽減している側面があるといえるね。」

「そう思います。そもそも、廃棄物処理法第七条第一項ただし書きでは、専ら再生利用の目的となる一般廃棄物のみの収集・運搬を業とする場合は許可を取る必要はありませんからね。」

「まあ、それらの情状を地検の主任検事に説明し、理解してもらう必要があると思います。そのためには、早く地検に上申書を提出しておくことですね。」

「それは良いことを教えていただきました。早速、上申書の起案に取りかかります。」

そう言って、中山弁護士は退室した。

上申書と処分

翌日、中山弁護士が上申書を持参して柳生弁護士の執務室にやって来た。

上申書には、①リサイクルの状況、②無許可営業の原因、③高額な料金になった理由、④再犯の可能性がないこと等、主な情状について簡潔でかつ説得力ある文章で記されていた。

柳生弁護士は、上申書を読み終えた後、「良くできているよ。これなら罰金にしてもらえるかもしれないね。」と、労った。

中山弁護士は、その足で地検に行き、主任検事に上申書を提出し、高田社長らを罰金刑にしてもらえるよう陳情した。

数日後、地検の処分が出た。

中山弁護士作成の上申書が功を奏し、検察官は、高田社長、従業員及びグリーンハウスについて、簡易裁判所に略式命令(注4)の請求（略式起訴）をした。その日のうちに、簡易裁判所から、高田社長に罰金五〇万円、従業員に罰金一〇万円、グリーンハウスに罰金一〇〇万円の略式命令が発付された。高田社長らは罰金を仮納付し(注5)、高田社長と従業員は釈放された。

（注1）　第七条第一項は「一般廃棄物の収集又は運搬を業として行おうとする者は、当該業を行おうとする区域（運搬のみを業として行う場合にあつては、一般廃棄物の積卸しを行う区域に限る。）を管轄する市町村長の許可を受けなければならない。ただし、事業者（自らその一般廃棄物を運搬する場合に限る。）、専ら再生利用の目的となる一般廃棄物のみの収集又は運搬を業として行う者その他環境省令で定める者については、この限りでない。」と規定する。

（注2）　義務付けの訴えとは、行政庁がその処分又は裁決をすべき旨を命じることを求める訴訟をいい、

非申請型と申請型の二つの類型がある（行政事件訴訟法第三条第六項）。非申請型は、行政庁に対し法令に基づく申請又は審査請求が認められていない場合の義務付けの訴えである。厳格な原告適格、訴えを提起するための訴訟要件、本案の勝訴判決をするための実体要件が定められている（同法第三七条の二第一項）。申請型は、行政庁に対し一定の処分又は裁決を求める旨の法令に基づく申請又は審査請求が認められている場合の義務付けの訴えである。原告適格は当該申請又は審査請求をした者に限られ、行政庁が処分をしない場合の処分不作為型と行政庁が処分を拒否した場合の拒否型に区分されており、それぞれ一定の訴訟要件や実体要件が定められている（同第三七条の三第一項、第五項、第七項）。さらに、処分不作為型の場合は、当該処分又は裁決に係る不作為の違法確認の訴えを、処分拒否型の場合は、処分又は裁決に係る取消訴訟又は無効確認の訴えを、それぞれ併合して提起する必要がある（同法第三七条の三第三項）。

（注3）宅建業法第六六条第一項第三号、第五条第一項第五号によって、宅地建物取引業者が法人である場合において、その役員又は政令で定める使用人が禁錮以上の刑に処せられ、その刑の執行を終わり、又は執行を受けることがなくなった日から五年を経過しない者に該当する者があるに至ったときには、当該免許が取り消されることになっている。

（注4）略式命令とは、検察官の請求により、簡易裁判所が、被疑者に異議がない場合に、正式裁判によらないで、検察官提出の書類に基づき、一〇〇万円以下の罰金又は科料を科す命令をいう（刑事訴訟法第四六一条、第四六一条の二、第四六二条）。略式命令を受けた者は罰金又は科料を納付して手続を終わらせることができるが、不服があるときはその告知を受けた日から一四日

以内に正式裁判を請求することができる（同法第四六五条）。

（注5） 裁判所は、罰金等を言い渡す場合、判決の確定を待ったのでは執行不能又は執行に著しい困難を生じるおそれがあると認めるときは、検察官の請求により又は職権で、判決の言渡しと同時に、仮にその金額の納付を命ずることができる（刑事訴訟法第三四八条第一項、第二項）。また、仮納付の裁判は、略式命令の付随処分としてすることができ（同法第四六一条）、直ちに執行できる（同法第三四八条第三項）。

迷惑防止条例違反

「盗撮」

母親の相談

事務所の受付からの内線電話が鳴った。

「午後一時にお約束の服部冴子さんがお見えです。5号応接室にお通ししています。」

柳生弁護士は、応接室に向かった。

部屋に入ると、初老の上品な女性が立ち上がって、

「服部です。今日はお世話になります。」

と、一礼した。

「柳生です。お座りください。」と、勧める。

「先生、昨日、私の息子の慎也が警察に逮捕されたんです。どうか、助けてください。」

と、服部冴子が懇願する。

「分かりましたが、息子さんは何をしたんですか。」

「スマートフォン（スマホ）のカメラで女の人を隠し撮りしただけですが……。」

と、服部冴子が曖昧に答えた。

「女子トイレでも侵入して盗撮したのではないのですか？」

と、柳生弁護士が訊ねた。

「そうではないのです。女の人の後姿を撮影しただけだそうです。それ以上のことは分かりませんが、逮捕までされてしまうのですか？」

「本人から詳しく話を聞かないと、一概にはいえませんね。どこの警察に留置されているのですか。これから接見に行き、慎也君から話しを訊きましょう。」

と言って、柳生弁護士は腰を上げた。

「先生、どうかよろしくお願いします。K警察署ですので……。」

と、服部冴子が頭を下げた。

接見

早速、柳生弁護士は、Ｋ警察署に出向き、生活安全課防犯係長の山下和宏警部補に会って、服部慎也の逮捕事実を確認した。

休日のデパートの雑貨品売り場で、細身でズボン姿の女性客（当時二五歳）の後を付けながら、一〇回にわたり、スマートフォンで、背後から女性のお尻を隠し撮り、女性を著しくしゅう恥させ、又は不安を覚えさせるような卑わいな言動をしたという容疑だった。

要するに、大阪府迷惑防止条例(注1)違反で、法定刑が六月以下の懲役又は五〇万円以下の罰金だ（第六条第二項第二号、第一七条第二号）。

警察の接見室で、柳生弁護士は服部慎也と接見した。

「お母さんに君の弁護を頼まれましてね。弁護士の柳生英五郎です。早速だが、逮捕事実を認めているの？」

「取調べで、刑事さんに『ほんの出来心で、初めてです。』と言ったら、刑事さんから嘘だろうと、僕のスマホを見せられたんです。」

「盗撮」

「以前の画像も残っていたからじゃないの？」

「そうです。」

と答えた慎也は、事件の経緯を話し始めた。

「僕は三五歳で、まだ独身です。母が早く結婚しろというのですが、僕は、その気にどうしてもなれないのです。それで気を紛らわすもために、休日などに、街で好みの細身の女性を探し、お尻を盗撮していたのです……。逮捕されたとき、スマホには画像データ七〇枚ぐらいが保存されたままになっていました。」

「なるほど、逮捕事実は間違いないということだね。」

「でも、先生、僕はスマホを右手に持って隠し撮りしていたため、ぶれたりして、ズボンのお尻の形がきれいに写っているものは少ないんです。今回も三枚くらいしかありません。ズボン姿を撮影しただけでも違反になるのですか。」

と、慎也は弁解した。

「そりゃあ、そうだなあ。君の場合は常習だからなお悪いよ。」

と、柳生弁護士は言って、頭を整理することにした。

この事件は、慎也の盗撮行為が「卑わいな言動」に当たるかどうかで決まる。

「卑わいな言動」とは何か。

判例によれば、「社会通念上、性的道義観念に反する下品でみだらな言動又は動作」をいうとされている。(注2)

そうすると、慎也の盗撮は下品でみだらな動作だといえるだろう。

そう結論付けた柳生弁護士は、なお慎重を期し、慎也から、もう少し盗撮の状況を確かめておこうと思った。

「実際のところ女の人を何分くらい付け回したの？」

と、慎也に質すと、

「よく覚えていませんが、五分、いや、もっとだったかもしれません。」と答えた。

かなり執念深く付きまとっていたことは間違いなさそうだ。

この事件は下手に争うよりも、罰金で早く処理してもらうのが良策だ。

そう弁護方針を決めた柳生弁護士は、慎也を諭した。

「慎也君。君の行為は間違いなく条例違反に当たる。被害者のことをよく考えてみなさい。君がしたようなことをされたら、女性は誰だって気持ちは悪いし、恥ずかしいだろう。盗撮写真が他人の君のところにデータとして残る訳だからね。慎也君、被害者の女性にすれば何をされるか不安になると思わないかね。」

「先生、本当にすみません。どうすればいいですか。」

と、言って慎也は観念した。

「素直に認めて反省することだね。明日には送検されるだろう。担当検察官には、在庁略式で罰金にしてもらえるようお願いすることにするよ。」

と、柳生弁護士が言った。

すると、慎也が「在庁略式って何ですか。」

と、訊ねた。

「正式裁判でなく、検察官が被疑者を検察庁で待機させたまま、簡易裁判所に略式命令を請求し、速やかに略式命令を出してもらう手続のことだ。略式命令を受け取って検察庁で罰金を仮納付すれば釈放されるのだよ。」

「先生、早く出たいのでよろしくお願いします。」

と、慎也が訴えた。

処　分

翌日の午後一時ころ、柳生弁護士は、慎也の母親を伴って地検に出向き、刑事部の担当検察官と面談し、罰金で早期処理をしてもらいたいと陳情した。

検察官は、慎也について簡易裁判所に罰金三〇万円の科刑意見を付して略式命令の請求をした。

その後、柳生弁護士は、地検の待合室で、

「お母さん。今回は罰金で済みましたが、二度とこんなことを起こさないよう慎也君とよく話し合いをしてくださいね。結婚は本人が決めることだから、あまり口やかましく言わない方がいいですよ。」

と言って、母親を諭した。

「分かりました」と、母親は頷く。

その日の夕刻、簡易裁判所から慎也に対し罰金三〇万円の略式命令が発付された。地検で母親が罰金を仮納付し、慎也は釈放された。

（注1）　正式には、「大阪府公衆に迷惑をかける暴力的不良行為等の防止に関する条例」といい、卑わいな行為の禁止規定を第六条に置く。

第六条　何人も、次に掲げる行為をしてはならない。

一　人を著しく羞恥させ、又は人に不安を覚えさせるような方法で、衣服等で覆われている内側の人の身体又は下着を見、又は撮影すること

二　みだりに、写真機等を使用して透かして見る方法により、衣服等で覆われている人の身体又は下着の映像を見、又は撮影すること

2　何人も、公共の場所又は公共の乗物において、次に掲げる行為をしてはならない。

一　人を著しく羞恥させ、又は人に不安を覚えさせるような方法で、衣服等の上から、又は直接人の身体に触れること

二　前号に掲げるもののほか、人に対し、人を著しく羞恥させ、又は人に不安を覚えさせるような卑わいな言動をすること（前項又は第四項の規定に違反する行為を除く。）

3　何人も、住居、浴場、便所、更衣室その他人が通常衣服の全部又は一部を着けない状態でいるような場所における当該状態にある人に対し、次に掲げる行為をしてはならない。

一　人を著しく羞恥させ、又は人に不安を覚えさせるような方法で、姿態を見ること

二　みだりに、姿態を撮影すること

4　何人も、第一項各号又は前項第二号の規定による撮影の目的で、写真機等を人に向け、又は設置してはならない。

最近では、スマートフォンの普及や技術の進歩により、高性能の小型のカメラやカメラ機能を搭載した機器が普及し、盗撮行為が多発している。この現状に鑑み、迷惑防止条例を改正し、盗撮の処罰対象や禁止場所を拡大し、重罰化する傾向にある。

例えば、大阪府迷惑防止条例第六条第一項第二号では、「写真機等を使用して透かして見る方法より、衣服等で覆われている人の身体又は下着の映像を撮影すること」を禁止する。同条第四項では、「第一項各号又は前項第二号の規定による撮影の目的で、写真機等を人に向け、

又は設置してはならない。」と定め、実際に撮影に至らない態様でも盗撮として処罰の対象としている。

さらに、同条第三項では、みだりに姿態を撮影することを禁止する場所として「住居、浴場、便所、更衣室その他人が通常衣服の全部又は一部を着けない状態でいるような場所」まで拡大している。

そして、罰則についても、同条第一項各号又は第三項第二号の規定に違反して撮影した者は一年以下の懲役又は一〇〇万円以下の罰金に処し（第一五条第一項第一号）、常習としてこれらの行為をした者は、懲役二年以下又は一〇〇万円以下の罰金に処す（同条第二項）とし、重く処罰することとしている。

また、東京都迷惑防止条例でも同様の規定を置く。

第五条第一項の柱書きは「何人も、正当な理由なく、人を著しく羞恥させ、又は人に不安を覚えさせるような行為であつて、次に掲げるものをしてはならない。」とし、第二号は「次のいずれかに掲げる場所又は乗物における人の通常衣服で隠されている下着又は身体を写真機その他の機器を用いて撮影し、又は撮影する目的で写真機その他の機器を差し向け、若しくは設置すること

イ　住居、便所、浴場、更衣室その他人が通常衣服の全部又は一部を着けない状態でいるような場所

ロ　公共の場所、公共の乗物、学校、事務所、タクシーその他不特定又は多数の者が利用し、又は出入りする場所又は乗物（イに該当するものを除く。）」と規定する。

また、同項第二号に違反して撮影した者に対する罰則（第八条第二項第一号）についても大阪府迷惑防止条例と同様である。

なお、盗撮に関する都道府県の各迷惑防止条例を体系的に分析したものとして、佐藤拓磨「不同意撮影罪と性的画像記録の没収・消去の立法について」刑事法ジャーナル六九号（二〇二一年）一二七頁以下がある。

（注2）　最高裁平成二〇年一一月一〇日第三小法廷決定・刑集六二巻一〇号二八五三頁は、ショッピングセンターで、女性客の後を、約五分間四〇メートル余りにわたって付けねらい、背後の約一ないし三メートルの距離から、右手に所持したデジタルカメラ機能付きの携帯電話を自己の腰部付近まで下げて、細身のズボンを着用した同女の臀部を同カメラでねらい、約一一回これを撮影した行為につき、被害者を著しくしゅう恥させ、被害者に不安を覚えさせるような卑わいな言動に当たる旨判示する。

詐欺

「不正節電」

社会部デスク

都心のターミナル駅の雑踏の中に、神宮太市は、柳生英五郎弁護士を見かけて声をかけた。

「先生！　お元気ですか。」

「おう、神宮デスクやないですか、それにしては、今日は帰りが早いね。どうしたの？」

「泊り明けですので……。」

「そうですか。今日も猛暑だね。生ビールで一杯どうだね。」

「いいですね。お付き合いさせていただきます。」

新聞記者は不規則な生活を送る。社会部のデスクになると、宿直の泊り明けでも、午前七時ころには起床する。出勤してきた夕刊担当デスクと引継ぎを済ませ、残務整理をしなければならない。退社できるのは夕方になる。

神宮太市は「毎朝新報」の社会部デスク。検察担当記者だった頃からの付き合いだ。

高架下の居酒屋で狭いカウンターに二人並んで座り、生ビールで乾杯。

頭上から電車の音が聞こえ、床が僅かに振動する。

「先生も退官されてから一〇年は過ぎましたね。」

柳生弁護士は往時を懐かしみながら言った。

「早いものだね。私が席を置かせてもらっている淀屋総合法律事務所も大きくなってね、今や所属弁護士が一〇〇人を超える弁護士法人だよ。民事、刑事はもとより、税務、知財、労働、交通、一般企業法務、M＆A、ファイナンス、事業再生、国際取引など、各弁護士が専門分野を持って活躍しています。いわば総合病院のようなものですよ。」

「先生に若手弁護士からも何かと相談が持ち込まれるでしょうね。」

「そうだね。若い弁護士と話をすると、僕も若返るよ。」

取材

「今日は、良い機会ですので、先生に少し教えていただこうと思っています。」

　と、神宮デスクが切り出した。

「何でもどうぞ。」

「夏場の電力不足で企業や市民が節電に努めているのに、飲食チェーン店『モトモト』の経営者が不正に節電していたことが発覚したため逮捕されましたね。各紙の朝刊に記事が出ましたので、お読みになられたと思いますが……。」

「僕も読んだよ。」

　と、柳生弁護士が相槌を打つ。

「店の電気メーターを細工して五年間で電気料金約六〇〇〇万円の支払を免れて不正な利益を得ていたそうです。私は結構悪質な事件だと思っています。」

　と、神宮デスクが率直な感想を口にした。

「そうだね。確か、経営者に頼まれ、メーターがゆっくり回るように細工をした電気技術者も逮捕されたようですね。」


「不正節電」

「そうです。警察は、モトモトの桜島店で、電力会社の電気料金徴収業務を妨害したという『偽計業務妨害罪』の容疑で逮捕したと発表していますが、どうして電力会社に対する詐欺罪で逮捕しなかったのでしょうか。その辺りのところを先生に解説していただけませんか。警察に聞いても要領を得ないものですから……。」

「僕もその点が気になっていたんだよ。」

「そうですか。私の疑問もあながち的外れでないんですね。」

「そのとおりだよ。実は、事務所の若い弁護士には君のように問題発見能力を身につけるように常々言っているんだ。まあ、その点はおくが、詐欺罪でなぜ立件しなかったのか、法律家としても関心があるところだよ。」

と、柳生弁護士はコメントした。

関係条文

刑法第二四六条（詐欺）
一項　人を欺いて財物を交付させた者は、一〇年以下の懲役に処する。
二項　前項の方法により、財産上不法の利益を得、又は他人に得させた者も、同項と同様とする。

刑法第二三三条（信用毀損及び業務妨害）
虚偽の風説を流布し、又は偽計を用いて、人の信用を毀損し、又はその業務を妨害した者は、三年以下の懲役又は五〇万円以下の罰金に処する。

立件事実の問題点

神宮デスクは、偽計業務妨害罪と詐欺罪では法定刑に大きな違いがあることは承知していたものの、今回の警察発表を聞いて捜査処理には問題があると思っていた。

「モトモトのチェーン店は、大阪府下に二〇店舗あるのに、警察が偽計業務妨害罪で立件したのは、桜島店一店舗で、しかも一か月間の業務妨害だけなんですよ。その間の電気料金は実際の料金より五万一〇〇〇円少なくなっていたとのことです。」

「電力会社なのか、警察なのか分からんが、一か月間とはいえ実際の電気使用量を計算できた訳だろう。それなら、他の一九店舗も同じように計算できるはずだよね。実際の電気使用量との差額の割合を基に電気メーターの回転を遅らせる割合というか不正率を出せば、五年間遡って計算することもできそうだね。要は、約六〇〇〇万円の不正な利益を得て、店の経費を浮かすことができた訳だから、僕はそれに見合った処理をするべきだと思うね。少々面倒な捜査だということは分かるけどね……。」

柳生弁護士は辛口の意見を口にし、残りのビールを飲み干して話を続けた。

「僕は実際の捜査をやっていないので、好き勝手なことを言っているかもしれんが、当初から警察も検察も詐欺罪での立件を諦めているのではないのかなあ。おそらく比較的証拠が固い偽計業務妨害罪に絞って捜査しようとしたように思うね。それも一理あるが、まあ実際のところは分からないので、決めつける訳には行かないがね。」

欺罔行為・錯誤・処分行為

「先生、もう少し分かるように説明してくれませんか。」

と、神宮デスクが言った。

「この事件の場合、法律的な検討が必要だったし、詐欺罪で立件するには捜査も手間がかかると思う。法律的なことから言うと、財産上の処分行為（交付行為）に向けた欺罔行為があるのか、仮に欺罔行為があっても、相手方（被欺罔者）が錯誤に陥ったのか、そして処分行為が認められるのかどうかということだよ。」

「ますます混乱します。」

「詐欺罪の条文だけみると、人を欺いて財物を交付させ、あるいは財産上不法の利益を得、又は他人に得させた者を処罰するとしか書いていない。モトモトの経営者は電気料金約六〇〇〇万円の支払を免れていたのだから、財産上の不法の利益を得ていたことは間違いないが、その方法が『人を欺いた』ことによるものといえるかどうかだ。まず、欺罔行為があったのか、それによって相手方が錯誤に陥ったのか、その結果、財産上の利益を得させる行為、つまり財産上の処分行為を行ったかどうかという問題なのですよ。」

「少し分かってきました。」と、神宮デスク。

「まず、電気メーターをゆっくり回転させることは、人に対する行為と認められるかどうかだが、神宮デスクはどう考えますか？」

と、逆に柳生弁護士が問いかける。

「そうですね。電気メーターに細工した訳ですから、人に対する行為とは言いづらいところがありますね。」

「そう考えるのも当然だよ。よく引きあいに出される事例だが、他人のキャッシュカードを拾って、そのカードで銀行のＡＴＭから不正に現金を引き出した場合には現金の詐欺ではなく、現金の窃盗になると説明されているんだよ。(注1)」

「どうしてですか？」

と、神宮デスクは直ぐに納得しない。

「他人のカードを不正に利用して、ATMを通じ銀行のコンピュータを誤作動させている訳だ。ATMもコンピュータも人でなく機械だろう。機械は錯誤に陥ることはないので人を欺いたとはいえないから、ATM内の現金を窃取したことになるのだよ。」

「そうすると、今回の事件は詐欺にならないのですか。」

と、神宮デスクが残念そうに言った。

柳生弁護士は、分かりやすいよう噛みくだいて説明する。

「そう結論を急がないでください。電気使用量を調べるため、毎月、電力会社の検針員が使用者の電気メーターの検針に来るでしょう。電気メーターが示す電気使用量の累計数量、これを『指示数』というようだが、この指示数を検針し、通知書に、前月検針時の指示数との差を当月分の電気使用量として記入し、使用者に交付することになっている。通知書には、検針日や検針員の氏名のほか、当月分の電気使用量に見合う料金を翌月の振替日に使用者の口座から引き落とすことなども書いてあるんだよ。」

「先生、お詳しいですね。」

と、感心する神宮デスク。

「いやいや、あの記事を見て、自宅にあった電力会社の通知書を確認しただけですよ。要するに、電気メーターに細工されていることを知らない検針員としては、メーターの指示数が実際に使用した電気の累計使用量を示すものと信用したことは間違いないでしょう。検針員は人だから錯誤に陥ったことになる訳だ。その限りで人を欺く行為があったといえると思うね。」

と、柳生弁護士が解説した。

「なるほど、では財産上の処分行為はどうなりますか？」

「この点は少しやっかいだ。検針員には、電気料金を確定して使用者に請求する権限がない。そうすると、検針員は財産上の処分行為ができないと考えることができるね？」

「そうですか。」

と、神宮デスクは首を傾げ、納得いかない表情を浮かべた。

「いやいや、ひとつの考えだよ。検針員は、検針をした後、翌月の振替日に当月分の電気使用量に見合う電気料金（実際の金額より少なくなっている）を使用者の口座から引き落とすことを、通知書でもって使用者に知らせていることは間違いないだろう。」

「そうすると検針員が処分行為の一部を行ったという評価も可能なのですね。」

「そのとおりだよ。おそらく、営業所ごとに電気料金徴収業務を統括する責任者が徴収担当者になっていると思う。その責任者が、検針員の検針した指示数のとおり電気料金を決定して請求する取扱いになっているに違いない。だから、責任者が検針員を介して検針した指示数を正しいものと誤信し、それに基づいて電気料金を決定して実際より過少な請求を行った、つまり財産上の処分行為をしたと認められることになると思いますよ。」

と、柳生弁護士が結論付けた。

大審院の判例

「理屈はよく分かりましたが、この種事件で判例とかあるのですか？」

「よく質問してくれたね。僕もいろいろ調べたんだよ。このような犯罪は昔からあるはずだと思ってね。」

「先生、あったのですか？」

「それが大審院判決(注2)だったよ。電気事業者が消費電気量を計量するために電気消費者方に設置した電気計量器にその指針を逆回転させる器具を取り付け、電気料金の支払を免れた事案だ。大審院は『電気計量器の指針を逆回転させていることの情を秘し、これを検針員に示し電気料金の支払を免れる行為は詐欺罪であって、電気窃盗罪ではない。』と判示しているんだ。」

「なるほどねえ。」と、神宮デスクは納得顔になった。

「とにかく、この世の中、理屈どおりにならないことが多いものだよ。今回の事件処理もその一つかも知れないね。それが今日のオチだなあ?」

と、柳生弁護士が呟いた。

（注1）西田典之＝山口厚＝佐伯仁志編『注釈刑法 第4巻 各論(3)』（二〇二一年、有斐閣）二七七頁、三一七頁〔伊藤渉〕参照。

なお、窃取したキャッシュカードを不正に利用して、ATMから現金を引き出した事例につき、窃盗罪を認めた裁判例として東京高裁昭和五五年三月三日判決・刑事裁判月報一二巻三号六七頁があるが、拾得又は窃取したキャッシュカードを不正に利用して、ATMから他人の預金を自己の預金口座に振替送金をした場合は、窃盗罪ではなく、電気計算機使用詐欺罪（刑法第二四六条の二）が成立する。

（注2）大審院昭和九年三月二九日判決・大審院刑事判例集一三巻三三五頁。

借地借家法

「テナントの明渡し」

立退交渉

今回は、淀屋総合法律事務所の増川三郎弁護士が担当したテナント明渡し事件を紹介したい。

増川弁護士は、海外の大学に短期留学し、帰国後、徐々に顧問先も増え、多忙を極めている。顧問先の株式会社「淀ビル」は、貸ビル業を営み、近畿圏に貸しビル一〇棟を所有する。大阪市内の一等地にある地上六階建の複合ビル「タイガービル」も、そのひとつだが、築五〇年と古く、事務所、飲食店など様々な業種のテナントが入居している。

令和元年一月に、大手不動産会社「二星不動産」が「タイガービル」を含む周辺地域総面積一万五〇〇〇㎡を再開発し、令和三年四月完成予定で大型複合ビル（ショッピングセンター・オフィス・ホテル）を建設する計画を発表した。

令和元年二月末に、淀ビルは、二星不動産との間でタイガービル敷地を含む九〇〇〇㎡の土地を一六〇億円で売買する契約を締結した。ビルを解体して更地にし、令和三年二月末までに引き渡すこと、引渡し期限を経過すると一日当たり、遅延損害金五〇〇〇万円を支払うことが条件だった。

淀ビルは、令和二年九月からのビル解体工事の着工に向け、野村忠之管理部長が、入居テナントに対し、順次、賃貸契約の解約の申入れ、同年八月末までに立退きをしてもらうよう交渉を進めた。

ところが、入居テナントのうち、レストラン「ハワイ」を経営する㈱大福だけが解約の申入れを拒絶した。大福との賃貸借契約は、普通賃貸借契約で、賃貸面積は約七〇〇㎡、月額賃料は一〇〇万円、賃貸期間は当初一〇年間だったが、その後一年の自動更新になっていた。

野村管理部長は、大福の社長のもとに、何度も足を運び、三〇〇〇万円の立退料を提示して粘り強く交渉を重ねたが、大福側は二億円の立退料を要求してきたため、交渉は頓挫した。

担当者の来訪

令和二年四月上旬、野村管理部長は、事態打開のため、淀屋総合法律事務所に出向き増川弁護士に相談を持ちかけた。

野村管理部長は、大福との立退交渉の経緯を詳しく説明した。

「なぜ、大福だけが立退きに応じないのでしょうか。」

と、増川弁護士が訊ねた。

「大福は、タイガービルのオープン時からのテナントです。社長は、『ここを立ち退くと会社の経営自体が成り立たない。営業を続ける』と言い張るのです。そこで、立退料三〇〇〇万円を提示したのですが、『それでは少ない。二億円積んでくれ』と要求してきたのです。」

「双方の金額の幅が大きすぎますね。先ほど説明していただいたところによると、今年の九月からビルの解体工事を始めることでしたね。そうすると、あと四か月ほどしかありませんね。引渡しが遅れると、高額な遅延損害金が発生する契約ですから、部長も頭が痛いですね。」

「そうなんです。時間がないのです。」

と、野村管理部長は悲愴な顔になった。

増川弁護士が現状を分析して言った。

「第一審の民事訴訟の平均審理期間は、過払い訴訟を除くと、約九か月ですからね。今日のお話を前提とすると、本件の場合、立退料の鑑定は当方が依頼する鑑定人だけで済まないかもしれません。裁判所が選任する鑑定人も鑑定するという事態も想定されます。そうなると、更に審理期間が長くなり、一年以上かかる可能性がありますね。建物明渡訴訟を提起すれば、立退料次第で明渡しを認めてもらえる可能性があると思いますが、仮に勝訴しても、土地の引渡しが数か月以上遅延してしまうことになります。単純計算でも、違約金は十数億円に上るでしょうね。」

断行の仮処分

「先生、何か良い方法はありませんか。」

「ひとつ考えられるのは、建物を仮に明け渡すことを求める断行の仮処分を申し立てることですかね。」

と、増川弁護士が提案する。

「先生、以前に断行の仮処分は、ほとんど認められないと言っておられたように思いますが……。」

と、野村管理部長が不安そうに訊ねる。

「確かに、仮処分には被保全権利があることだけでなく、保全の必要性も求められます。断行の仮処分は、満足的仮処分の一つで、特に高度の保全の必要性が求められます。(注1)本件の被保全権利は建物明渡請求権の存否ですが、それについても、借地借家法第二八条の正当事由(注2)の有無を判断しなければなりませんので、断行の仮処分は簡単には認められないと思います。」

「そうすると、断行の仮処分の申立てをしても無駄になるということですか。」

「断行仮処分はハードルが高いのは確かです。しかしですね、断行の仮処分は、審尋が必要な要審尋事件ですので、申し立てると、直ちに、裁判所から相手方に申立書と呼出状が送付されます。審尋期日も、二週間程度の間隔で指定されますので、通常の訴訟より進行が速いのです。ですから、淀ビルが断行の仮処分を申し立てれば、相手方の大福側も、裁判所からの呼出しですので、さすがに弁護士に相談するのではないかと思います。そうなれば審尋期日で、大福側と和解交渉ができる可能性も高まります。」

「なるほど、分かりました。直ぐに社長に報告し、その方向で進めたいと思います。」

と、野村管理部長は安堵の表情を見せた。

「その方針で進めるとすれば、再度、然るべき立退料を大福側に提示しなければなりませんね。急いで、私から知り合いの不動産鑑定士に立退料の鑑定を依頼しておきますが、それでよろしいですね？」と、増川弁護士が確認した。

「もちろんです、ひとまず、鑑定士さんから鑑定費用の見積書を私宛に送付してもらってください。」

と、野村管理部長が言った。

申立書と訴状

一週間後、増川弁護士は、適宜、野村管理部長から必要資料を取り揃え、断行の仮処分の申立書と建物明渡請求の訴状を作成して、裁判所に、建物明渡訴訟（本案訴訟）を提起するとともに断行の仮処分の申立てを行った。

本件の建物明渡請求については、借地借家法第二八条の正当事由があることを立証しなければならない。訴状には、概ね、次のような正当理由を記載した。

① 本件タイガービルは築五〇年と古く、行政が実施する大型商業施設への耐震診断では、評価区分Ⅰ（地震の振動及び衝撃に対して倒壊し、又は崩落する危険性が高い）と評価されていること

② 不特定多数者が利用する商業施設であるため、耐震性に不安を抱えたままの営業は避けるべきこと

③ タイガービルを含む一帯が自治体によって再開発区域に指定され、公益的観点からも建替えによる活性化が不可欠であること

④ レストランが他のテナント退去後に単独で営業するためには仮囲いの設置やインフラの整備（トイレ、電気、空調、消防）など多額の費用を要すること

また、断行の仮処分における高度の保全の必要性については、申立書で、概ね、次の点を主張した。

① 耐震性を満たさず地震で崩壊のおそれがあるため、生命身体の危険はもとより、申立人にとってもレピュテーションリスクがあること

② 他のテナントが退去後、単独で営業すると多額の費用がかかること

③ 一店舗が営業を継続したまま解体工事に着工することは技術的に不可能であること

④　テナントの退去が遅れると解体工事が遅れ、多額の損害が生じること
⑤　仮処分を認めても債務者（大福）が被る損害は小さいこと

債権者面談

仮処分申立て直後に裁判所で債権者面談が行われたが、仮処分の担当裁判官から、「申立書を拝見しましたが、仮処分の認容は困難です、先生もお分かりだと思いますが」との指摘がなされた。

すかさず、増川弁護士は、訴えた。

「我々としては、早期に債務者である大福側と話合いをすることが希望です。手続外で進めると、時間がかかってしまいます。そこで、裁判所からも和解の余地を探っていただきたくお願いしたいのです。そのために、本案訴訟と共に断行の仮処分を申し立てた次第です。よろしくご検討のほどお願い致します。」

すると、担当裁判官は「ご趣旨は分かりました。本案訴訟の提起もなされていますので、ひとまず審尋期日を設定することにします。」

と応じた。約二週間後には審尋期日が指定された。

審尋期日

審尋期日では、大福側は、

「タイガービルの築年数は経過しているが、建て替えまでは不要であって、耐震補強で十分に足りる。他のテナントの退去予定時期以降も、レストランに予約が入っており、収益の見込みもある。営業継続のために経済的負担があるとしてもテナント側の営業の自由を保障すべきである。」

などと主張して、被保全権利（特に正当事由）の存在及び保全の必要性について争った。

増川弁護士は、「立退料は八〇〇〇万円を相当とする」との不動産鑑定士作成の鑑定書を裁判所に提出した。

裁判所は、鑑定書の立退料の金額を踏まえ、退去することを条件に立退料九〇〇〇万円を支払う和解案を示したが、大福側は、「立退きを前提とする和解には応じない」という姿勢を崩さなかった。

その後、増川弁護士は、審尋期日の経過報告書を作成し、野村管理部長に送付し、次回の審尋期日に備えて打合せを行った。

「レストランの移転先をいくつか紹介できませんか。次のビジョンが見えてくれば、先方も態度が変わるかもしれません。」

と、増川弁護士が打診した。

「弊社の他のビルを含めいくつか心当たりを当たってみます。」

と、野村管理部長が承諾し、淀ビル側で移転候補先を探すことになった。

二回目の審尋期日で、大福側に移転先候補を示したところ、ようやく、大福側も、退去を前提とする協議に応じることになった

その後、数回の審尋期日で和解協議を重ね、仮処分申立てから約三か月経過していたが、大福が令和二年八月末までに退去することを条件に、淀ビルが大福に立退料九五〇〇万円を支払う旨の和解が成立した。

増川弁護士の精力的な交渉のお陰で、タイガービルの解体工事が始まる前に何とか間に合い、淀ビル側は高額な遅延損害金の支払を回避することができ、事なきを得た。

（注1）民事保全法第二三条第二項は、「仮の地位を定める仮処分命令は、争いがある権利関係について債権者に生ずる著しい損害又は急迫の危険を避けるためこれを必要とするときに発することができる。」と定める。「債権者に生ずる著しい損害又は急迫の危険」が保全の必要性の要件と

いわれている。

駒場寮明渡し断行仮処分事件（東京地裁平成九年三月二五日決定・判例タイムズ九三六号二六三頁）は、既に廃寮された旧学生寮について、キャンパスの再開発、そのための予算実行について公益的要請が非常に高い反面、債務者の占有を保護すべき必要性が低いことを主な理由として保全の必要性を肯定して明渡し断行の仮処分を認容した例であるが、占有侵奪や執行妨害的要素が小さい事案の場合、断行の仮処分が認容されるのは稀である。

（注2）借地借家法第二八条は「建物の賃貸人による第二六条第一項の通知又は建物の賃貸借の解約の申入れは、建物の賃貸人及び賃借人（転借人を含む。以下この条において同じ。）が建物の使用を必要とする事情のほか、建物の賃貸借に関する従前の経過、建物の利用状況及び建物の現況並びに建物の賃貸人が建物の明渡しの条件として又は建物の明渡しと引換えに建物の賃借人に対して財産上の給付をする旨の申出をした場合におけるその申出を考慮して、正当の事由があると認められる場合でなければ、することができない。」と定めている。

民事執行法

「給与の差押え」

差押命令

「先生、大変です。今日、裁判所から書類が届きました。うちの従業員の佐々木次郎の給与を差し押えるというんです。こんなの初めてですわ。どうすればいいのですか。」

株式会社「流山製作所」の武蔵喜一社長は、裁判所からの書類をテーブルの上に広げながら、柳生弁護士に訊ねた。

「まあ、社長、落ち着いてください。これから説明します。武蔵社長の会社が第三債務者だということです。」

「うちの会社が第三債務者ですって、それはどういうことですか。」

「差押命令書に書いてありますが、『ドッグワン』という大手の消費者金融会社が差押債権者です。流山製作所の従業員の佐々木さんがドッグワンから借金して返済が滞っていたので、裁判所がドッグワンの申立てを受けて佐々木さんの給与債権を差し押えたという訳です。佐々木さんに給与を支払う債務があるのは流山製作所ですから、社長の会社が第三債務者になるのです。」

柳生弁護士の説明を聞いて武蔵社長は少し安堵したようだ。

「そうですか。佐々木は腕のいい熟練工で、仕事は真面目にしていたんですがね。まさかサラ金から金を借りていたとは知りませんでした。」

差押命令書を確認しながら柳生弁護士は話を続けた。

「佐々木さんの借金は、利息を含め一〇〇万円になっていますね。裁判所は、差押命令書を佐々木さんにも送りますので、その書類が届いた日から一週間を経過すると、ドッグワンに取立権が発生します、その後は、ドッグワンは、直接、第三債務者である社長の会社から取立てができることになっています。」

「そんなのありですか、事前に話がありませんでしたが……。」

職人気質の武蔵社長は納得できないようだ。

「社長の気持ちは分かりますが、差押命令自体は、第三債務者から、審尋、つまり事情を聞くことなく発せられるものなのです。それで差押命令書の送達時には、第三債務者に対して陳述の催告がなされることになっています。命令書と一緒に『第三債務者の陳述催告書』が入っていたでしょう。」

「先生、これですか。」

「それですよ。従業員の給与債権の有無、金額、第三債務者として弁済をする意思の有無などについて回答すればいいのです。」

「なるほどね。でも、その一〇〇万円を、うちの会社がドッグワンに一括して払わないといけないのですか。」

「いやいや、差押命令によって、社長の会社は、佐々木さんに給与の全額を支払うことができなくなるだけです。そうはいっても、給与の一部はドッグワンに支払わなくてはなりませんが、その分を法務局に供託しても構いませんがね。」

「先生、ドックワンに給与の一部を支払えというのはどういうことですか？」

「民事執行法第一五二条第一項により、給与債権については、手取額の四分の一に相当する部分は差押えをすることができるからです。言い換えると四分の三に相当する部分は差押えが禁止されているんです。ただし、給与の手取額が月額四四万円を超えるときは、差押えができない金額の上限は月額三三万円になっています。」

「佐々木の給与は手取りで月三〇万円くらいですから、その四分の一の七万円くらいをドックワンに弁済すればいい訳ですか。」

柳生弁護士が答える。

「そんなところですが、問題は、佐々木さんが借りている先がドッグワンだけかどうかです。おそらく他のサラ金から借りていると思いますよ。」

「先生の事務所にうかがう前に、他で借りていないかと、佐々木には念を押したのですが、ドッグワンだけだと言っていました。」

「もう一度本人によく確かめることですね。」

「分かりました。」

「それから、借金するに至った経緯や使い道などもよく訊いておいてください。その上で、具体的な対応策を検討しましょう。」

と、柳生弁護士が念を押した。

「よろしくお願いします」と、武蔵社長は頭を下げた。

別口の借金

翌日、武蔵社長は、従業員の佐々木から詳しく話を聞いた上で、再び柳生弁護士を訪ねた。

「先生、佐々木はドッグワン以外でも借りていました。」

「別のサラ金ですか?。」

「そうです。金額は五〇万円くらいですが、『キャット』というサラ金でした。そのほかに会社の同僚からも借りていることを白状したんですわ。その額は三〇万円くらいでしたが、全額を返済できていないそうです。」

「そうすると、借金の総額は一八〇万円ということですか。同僚からの借金はともかく、『キャット』が差押命令の申立てをして差押えがなされるおそれもあります。ドッグワンだけに毎月支払うわけにもいけませんね。」

「先生、それはどういう意味ですか。」

「ちょっと専門的な話になりますが、従業員の給与債権について複数の差押命令がある場合の取扱いの問題です。複数の借金の全額を差押えに係る給与債権で返済できないときは、第三債務者である会社は当該給与債権の額に相当する金額を供託しなければならないことになっているのです。これを『義務供託』(民事執行法第一五六条第二項参照)といいます。この取扱いは、競合した差押債権者の公平を期すためのものです。」

「それは面倒な話ですな。」

「要するに、第三債務者である会社が一つのサラ金のためだけに弁済した場合には、そのサラ金との関係で弁済の効力が認められても、他の差押債権者であるサラ金には弁済したことを主張できないのです。ですから他のサラ金に二重払いをしなければならないというリスクがあるのです。」

柳生弁護士の説明を聞いた武蔵社長は、ようやく納得した。

大学の入学金

「ところで、社長、なぜ佐々木さんはサラ金から借金するようになったんですか。」

柳生弁護士が武蔵社長に訊ねた。

「佐々木には三人の子供がいます。去年、長男が有名私立大学の工学部に入学したというので、私も喜んでいたのです。今回の件で話を聞くと、長男の入学金や授業料を支払う金がなかったので、仕方なくサラ金から借金したというんです。」

「大学受験させるのなら、佐々木さんも息子の入学金くらい予め用意していなかったんですかね。」

「それが、佐々木が言うには、長男はもともと高校卒業後就職する予定だったのに、親に内緒で大学受験して合格してしまったそうです。話を聞いて大学に行かせてやろうと思ったものの、貯金がなかったので、仕方なく三〇万円をキャットから借りて納付期限内に入学金を支払ったそうです。そのほか、入学時には前期授業料と諸経費とを合わせ八〇万円を支払う必要があったのです。そのため、ドッグワンから借金して支払ったそうです。結局、二つのサラ金からの借金が利息を含め合計一五〇万円になってしまったのですが、返済できなかったそうです。」

「気の毒な話ですね。」

と、柳生弁護士がため息をつくと、武蔵社長も相づちを打った。

賃金の一部払

武蔵社長が言った。

「私は佐々木の話を聞いて同情しましたね。サラ金の一五〇万円の借金は会社で全額を立替払いしてやるつもりです。その代わりボーナス時に一〇万円、毎月の給与から三万円くらい天引きしようと思っています。そのようにしても構いませんか。」

「そのような扱いは一方的にはできないのですよ。」

「どうしてですか。」

武蔵社長は納得がいかないようだ。

「労働基準法では、使用者は、原則として労働者に対し賃金を全額支払わなければならないと規定されているからです。」

柳生弁護士が理由を述べた。

「例外なしですか。」

「一部払いについての労使協定がある場合は可能です。」


労働者の過半数で組織する労働組合があるときは、その労働組合と、それがないときは、労働者の過半数を代表する者との間で、書面による協定がある場合には、使用者は労働者に対し賃金の一部を控除して支払うことができる。

そこで、例えば、労使協定書において、社内貸付制度による貸付金の返済について賃金、賞与及び退職金の支払時に控除する旨を定めることなどできるとされている（労働基準法第二四条第一項ただし書参照）。


柳生弁護士が根拠規定も併せて説明したが、武蔵社長は、

「うちの会社はそんな労使協定は結んでいません。」

と、力なく言った。

柳生弁護士は、救いの手を出した。

「ただ、会社が一方的に天引きするのではなく、会社と労働者とが合意して天引きすることができれば認められますよ。もっとも、この場合、労働者の自由な意思に基づくと認められるに足りる合理的な理由が必要とされています。ですから合意内容を双方確認して文書にしておくことが必要ですね。」

「佐々木の場合は合理的な理由がありますか。」

と、武蔵社長が訊ねた。

「社長が借金の立替払いをしてあげるのですから、合理的な理由があるといえるでしょう。これは念のためですが、会社が立て替えた一五〇万円は佐々木さんへの貸付になります。ですから、貸付の際に、佐々木さんの退職金債権を担保にとっておくべきですね。その旨を文書にしておいてください。」

と、柳生弁護士が言った。

「分かりました。早速会社に戻って、教えていただいたとおり、佐々木と話をして書類を作ります。ありがとうございました。」と、言って、武蔵社長は会社に戻って行った。

国籍法

「二つの国籍」

孫

上品な老婦人が、淀屋総合法律事務所の応接室で柳生弁護士を待っていた。

「お待たせしました。柳生です。」

「吉永でございます。今日はお忙しいところ、お時間を取っていただき、ありがとうございます。私の孫のことでご相談に参りました。」

「お孫さんは内孫ですか。」

「そうです。私の長男太郎の子です。」

「お幾つになりましたか。」

「先月、一歳になったばかりで、名前はピエールと言います。太郎とマリー・ボナールというフランス女性との間に生まれた子です。」

「国際結婚された訳ですか。」

「実は結婚していないのです。お恥ずかしい話ですが、マリーさんが太郎の子を出産したことも、二人が数年間も、同棲していたことも、太郎から何も聞かされてなかったのです。」

「いつお知りになったのですか。」

「二か月前のことです。太郎が交通事故で亡くなったと、マリーさんからの連絡を受けて初めて知ったのです。てっきり、太郎は独り暮らしをしているとばかり思っていましたので、それは驚きましたわ。」

当時のことを思い出したのか、老婦人の目に涙が滲んでいた。

「それは大変お気の毒なことでしたね。ところで、マリーさんは、ピエール君と、今どこで住んでいるのですか。」

「死んだ太郎が住んでいた大阪市内のアパートです。」

柳生弁護士は、マリーさんが不法滞在者であれば、話が複雑になるので、まずはこの点を確認しておこうと思った。

「ところで、マリーさんの在留資格はどうなっていますか。」

「『永住者』だそうです。」

「それならマリーさんの日本での在留には問題はありませんね。それでは何点か確認させてください。太郎さんは、生前ピエール君を認知していなかったのですか?」

と、柳生弁護士が訊ねる。

「マリーさんは太郎が認知届を出してくれた、と言うので、急いで本籍地の市役所で戸籍謄本を取りました。すると、太郎が亡くなった日の一か月前に、今からなら三か月前に、太郎が認知届を出していることが分かりました。」

「そりゃあ、よかったですね。」

「先生、ピエールは認知されているのですから、日本国籍がありますよね。」

柳生弁護士は申し訳なさそうに、

「市役所に認知届を出しただけでは駄目なんです。」と、言った。

「どうしてなんでしょうか。」

と、老婦人が訊ねた。

「出生後に日本人の父親が認知しても、そのことによって、出生の時に父親と認知された子の間に法律上の親子関係があったことにはならないからです。」

柳生弁護士の説明を聞いて老婦人は、

「ピエールの場合はどうすれば日本国籍を取得できるのでしょうか。」

と、質問した。

「国籍法[注1]では、日本人の父と外国人の母との間で生まれた子が、出生後に日本人の父から認知されると、父母が婚姻していない場合にも、一定の要件を満たせば、法務大臣に書面で届出することによって日本国籍を取得することができるのです。ですから、ピエール君の場合も、国籍取得の届出をすれば、日本国籍を取得できます。」

と、柳生弁護士が説明した。

「その届出はどこにすればよいのですか。」

「ピエール君の場合は、大阪市内に住所がありますので、そこを管轄する大阪法務局に届出すればよいのです。」

届出による国籍取得要件

「先ほど、先生は、国籍を取得するために一定の要件を満たす必要があると、おっしゃいましたが、どんな要件ですか。」

と、老婦人は質問を続ける。

「要件は三つです。一つは、認知された子が届出の時に一八歳未満であること[注2]、二つ目は、認知した父が子の出生時に日本国民であること、三つ目は、認知した父が届出の時に日本国民であることです。」

と、柳生弁護士が分かりやすく説明した。

「ピエールのように父親が死亡している場合は、どうなるのですか。」

「父親がその死亡時に日本国民であれば要件を満たします。」

「国籍取得の届出は、ピエール本人がしなければならないのですか。」

「一五歳未満の場合は、法定代理人が届出先の法務局・地方法務局に出向いて届出をすることができます。ですからピエール君の法定代理人であるマリーさんが届出すればよいのですよ。」

「でも、マリーさんは、日常会話程度の日本語しか話せませんし、日本語の読み書きもできません。先生がマリーさんに代わって手続をしてくれませんか。」

「書類などの準備はお手伝いさせていただきますが、法務局にはマリーさんご自身に出向いていただかなければなりません。もちろん、私も一緒に行ってあげますよ。」

「よろしくお願いします」と、老婦人が頭を下げた。

在留特別許可

「ピエール君についてはまだ問題が残っています。」

と、柳生弁護士が付け加えた。

「問題とは何でしょうか」と、老婦人が怪訝な表情を見せる。

「今のところ、ピエール君は日本国籍を取得していないので、外国人ということになります。外国人は、日本に在留するための在留資格が必要になります。ただし、ピエール君のように日本で出生した外国人の場合、出生した日から六〇日に限り、日本に在留することができますが、それを超えて日本に在留しようとするときは、出生の日から三〇日以内に在留資格の取得を申請しなければならないことになっています。(注3)」

「私は、そのような申請はしたと聞いていません。」

「それなら、ピエール君は出生の日から六〇日を超えた時から日本に不法滞在していることになります。」

「マリーさんも、太郎の死後ですが、ピエールの在留資格のことが心配になり、大阪出入国在留管理局に相談に行ったそうです。」

「それでどうなりましたか。」

と、柳生弁護士が訊ねた。

「職員の方は、親切に応対してくれて、『ピエールは不法滞在になるが、日本人の父親に認知されているし、母親が永住者の在留資格もあり、特別な事情が認められるので、在留特別許可が下りるかもしれない。そのための手続をしなさい』と言ってくれたそうです。それで、私もマリーさんと共に、指示された書類などを揃えて手続をしたのです。先月、ピエールに在留特別許可が下りて、大阪出入国在留管理局から在留資格証明書を交付してもらったばかりです。」

「よく分かりました。ピエール君は永住者の子として出生後引き続き日本に在留していますので、在留資格は『永住者の配偶者等(注4)』となっていると思いますが……。」

「そのようです。」

「在留期間は何年ですか。」

「三年と言っていましたが、先生、ピエールが日本国籍を取得すれば、在留資格の方はどうなるのですか。」

「大阪出入国在留管理局に出向き、日本国籍を取得したことを理由にピエール君の在留資格の取消手続をすればよいと思います。この手続はこちらでやりますので、ご安心してください。」

　と、柳生弁護士が言った。

重国籍

「先生、ピエールはフランス人のマリーさんが出産した子ですから、フランス国籍も持っていることになるのですか。」

　と、老婦人が訊ねた。

「確か、フランスは父母両系血統主義を採用していると思います。ですから、ピエール君は重国籍、つまり二つ国の国籍を持っていることになります。このような場合、ピエール君は日本国籍かフランス国籍のいずれかを選択しなければなりません。」

　と、柳生弁護士が説明した。

「先生、ピエールは、いつの時点で国籍を選択しなければならないのですか。」

「ピエール君のように重国籍になった時が一八歳未満であるときは二〇歳に達するまでに選択すればよいのですよ。(注5)」

「先生、よく分かりました。私としては、日本国籍を取得した時に、ピエールには日本国籍を選択させたいという気持ちが強いのですが、今は、本人の意思を尊重すべきだとも思います。ピエールが二〇歳になるまでこのままにしておくことにしますわ。」

「それが賢明でしょうね。」

「今日は、いろいろとありがとうございました。」

と、老婦人が素敵な笑顔で一礼した。

（注1）平成二〇年改正前の国籍法第三条一項では、日本国民である父と日本国民でない母との間で出生した子が、出生後に父に認知された場合の届出による国籍取得については、日本人の父から認知されているという要件に加えて、父母の婚姻により嫡出子たる身分を取得した子であること（準正要件）を要件としていた。そのため、この規定が憲法一四条一項（法の下の平等原則）に違反するかどうか、議論があった。

この点について、最高裁平成二〇年六月四日大法廷判決・裁判集民事二二八号一〇一頁は「国籍法三条一項が、日本国民である父と日本国民でない母との間に出生した後に父から認知された子について、父母の婚姻により嫡出子たる身分を取得した（準正のあった）場合に限り届出による日本国籍の取得を認めていることによって、認知されたにとどまる子と準正のあった子の間に日本国籍の取得に関する区別を生じさせていることは、憲法第一四条一項に違反しているものである。」（裁判要旨）との判断を示した。

最高裁判決を受け、違憲状態を解消するため平成二〇年一二月一二日、国籍法が改正（平成二一年一月一日施行）され、父母が婚姻していない子の届出による国籍取得の要件のうちから、「父母の婚姻」という要件が削除された。

（注2）成年年齢の引下げ等を内容とする「民法の一部を改正する法律」（平成三〇年法律第五九号）の成立に伴い、国籍法が改正された。施行は令和四年四月一日。同法第三条第一項では、認知された子の届出による国籍取得年齢が二〇歳未満から一八歳未満に改正された。

（注3）出入国管理及び難民認定法（以下「入管法」という。）第二二条の二参照。

（注4）「永住者の配偶者等」の在留資格の対象者は、

①永住者等の配偶者

②永住者等の子として本邦で出生しその後引き続き本邦に在留している者

である（入管法第二条の二第二項、別表第二）。

ピエール君は②に該当する。ここでいう「永住者等」とは「永住者の在留資格をもって在留する者又は特別永住者」をいう（入管法第一九条の一六第三号）。

法務大臣は、特別に在留を許可すべき事情があると認めるときは、在留資格と在留期間を決定し、在留を特別に許可することができる（同法第五〇条第一項第四号、第二項）。ピエール君の場合、右の事情があると認められたため、「永住者の配偶者等」の在留資格が付与され、在留期間が三年とされたものと思われる。

（注5）国籍法改正により、国籍の選択をすべき期限が変更された（第一四条第一項）。すなわち、一八歳に達する以前に重国籍となったときは二〇歳に達するまでに、一八歳に達した後に重国籍

となったときは重国籍となった時から二年以内に、いずれかの国籍を選択しなければならないとされた。

ただし、令和四年四月一日時点で二〇歳以上の重国籍者については、二二歳に達するまでに（二〇歳に達した後に重国籍になった場合は、重国籍になった時から二年以内に）どちらかの国籍を選択すれば足りる。令和四年四月一日時点で一八歳以上二〇歳未満の重国籍者については、同日から二年以内にどちらかの国籍を選択すれば足りる（国籍法附則第一三条参照）。

なお、日本国籍を選択する方法としては①外国国籍の離脱、又は②日本国籍の選択宣言がある（国籍法第一四条第二項）。

①の場合は、その外国の法令に基づいてその国の国籍を離脱した上で、そのことを証明する書面を添付した外国国籍喪失届を、②の場合は、「日本の国籍選択し、外国の国籍を放棄する」旨の国籍選択届を、それぞれ市区町村役場又は在外の日本大使館・領事館に提出すれば、重国籍が解消される。

遺産相続と相続税

「未亡人」

相続人と相続分

相続は人の死亡によって始まる。

相続人や相続分は民法で定められている（第八八七条、第八八九条、第八九〇条、第九〇〇条、第九〇一条）。

例えば、夫婦のうち夫が先に死亡した場合、子がいるときは、法定相続人は妻と子である。その相続分は、それぞれ二分の一ずつになる。

夫婦に子がない場合は、法定相続人は、妻と、夫の両親である。その相続分は、妻が三分の二、夫の両親が三分の一になる。

仮に相続開始前に夫の両親が死亡していれば、夫の兄弟姉妹が法定相続人になる。この場合の相続分は、妻が四分の三、夫の兄弟姉妹が四分の一になる。

更に夫の兄弟姉妹が既に死亡していれば、その子、つまり甥や姪が代襲相続することになる。

未亡人

「相続の件でご相談に参りました。先月、夫光彦が亡くなりまして……。」

と、未亡人の三木真知子さんが話し始めた。

「それはご愁傷さまです。ご主人はお幾つで亡くなられたのですか。」

と、柳生弁護士が訊ねた。

「満七七歳です。末期の胃癌で、見つかったときは手遅れでした。夫との間には子がありませんし、私たちの両親も一〇年以上前に亡くなっています。実は、先日、夫の弟の次郎さんが来られて、夫の遺産について『自分にも権利がある。遺産の四分の一を分けてほしい。』とおっしゃったのです。私はびっくりしましたが、お引き取り願いました。先生に何とかしていただきたいのです。」

「ご主人の兄弟姉妹は次郎さんだけですか？」

「そうです。次郎さんとは、私たちの結婚式のときにお目にかかりました。それ以降全く音信はありません。夫からも次郎さんの消息を聞かされたことがなく、夫の葬儀に参列してくださったときも、次郎さんのお顔すら分からなかったくらいです。そんな訳で、次郎さんには心情的にも遺産をお分けしたくないのです。」

遺産の明細

柳生弁護士は、未亡人から相談の趣旨を把握したので、遺産の明細を確かめることにした。

「ご主人の遺産はどのようなものがありますか。」

「北浜のマンションと預貯金くらいです。」

「どちらのマンションですか。」

「『ロイヤルグレース北浜』です。三〇階建、総戸数は二〇〇戸で築八年ですが、当時は人気が高く、全戸抽選でした。私共は一〇階の一〇〇三号室を購人できました。登記名義は夫です。部屋の床面積は九〇平米です。今は私一人で住んでいます。」

「購入価格はかなり高かったのではないでしょうか。」

「諸経費込みで八〇〇〇万円位だったと、夫から聞いています。」

「現在ローンが残っているのですか。」

「いいえ。夫は上場会社の役員をしていましたし、それなりの退職金もありましたので、一応ローンを組みましたが、既に完済しています。」

「ご主人には借金はありませんか。」

「ありません。」

「では預貯金はどうですか？」

「夫名義の預貯金を合計すると、三五〇〇万円くらいありました。」

「株式や投資信託はありませんか。」

「ありません。」

「ゴルフ会員権はどうですか。」

「以前は数か所の会員権を持っていましたので、よくプレーしていましたが、北浜のマンションを買うときに、会員権はすべて処分し、購入資金の一部に充てたようです。」

遺産分割の方法

柳生弁護士は、未亡人からの話を踏まえ、

「結局、ご主人の遺産は北浜のマンションと三五〇〇万円の預貯金ですから、共同相続人の三木さんと次郎さんが遺産を時価で評価して分割することになります。現物分割が原則ですし、三木さんがマンションに住んでおられますので、マンションは三木さんに、預貯金は次郎さんという分け方になるのでしょうね。」

と、説明した。

「預貯金全額が次郎さんのものになるのですか。」

「いいえ。次郎さんの法定相続分は四分の一ですから、全額という訳にはいかないですね。北浜マンションは築八年でも、利便性が高いので、実際の取引価格は六〇〇〇万円くらいでしょうね。不動産鑑定士に鑑定してもらう方法もありますが、それはともかくとして、遺産総額は約九五〇〇万円ですので、四分の三の約七一二五万円を三木さんに、四分の一の約二三七五万円を次郎さんに分けることになります。具体的には、預貯金から二三七五万円を支払うのが適当ではないかと思います。」

未亡人にとっては、柳生弁護士の説明内容が予想外だったようで、

「二三七五万円ですか。これからの老後の生活を考えると、預貯金はできるだけ残しておきたいと思っています。次郎さんに分けるお金はありません。なんとかならないのでしょうか」と、訴えた。

公正証書遺言

柳生弁護士は、

「ご主人は、例えば『一切の財産（財産全部）を妻に相続させる[注1]』との遺言書をお書きになっておられませんか。それがあれば、次郎さんは遺産を相続できないことになります。」

と、答える。

「生前、夫は遺言書を作るようなことを言っていましたので、家の中を探してみたのですが、見つかりませんでした。先生のおっしゃるような内容の遺言書があれば、次郎さんに遺産を分けなくてもよい訳ですね。」

「そういうことになりますね。」

未亡人の表情が少し明るくなった。

「あのう、人に聞いた話ですが、法定相続人には遺留分が認められているので、次郎さんも遺留分に当たる遺産をもらう権利があるのではないでしょうか。」

「民法第一〇四二条は遺留分について規定しています。要するに法律上必ず遺留しなければならない遺産の一定部分のことですが、法定相続人であっても、兄弟姉妹には遺留分は認められていません。とにかく、ご主人が公正証書遺言をされていないかどうか調べてみることが先決ですね。」

「そんなことができるのですか?」

「公正証書遺言は、遺言する人が、公証人の前で、遺言の内容を口授し、公証人がその内容を文書にまとめて作成されるものです。ですから、その遺言書の原本は、公証人役場で厳重に保管されているのですよ。」

「でも、公証人役場は全国のあちこちにたくさんあるのでしょう。夫がどこの公証人役場で作ったのか、どうすれば分かるのですか。」

「それが分かるのです。日本公証人連合会の『遺言検索システム』を利用すれば簡単です。相続人であれば、どこの公証人役場からでも照会できるのですよ。」

「それなら是非、お願いします。」と、未亡人が言った。

相続税

「先生、相続税はいくらくらいかかるのでしょうか。」

と、未亡人が柳生弁護士に訊ねた。

「三木さんには相続税はかかりませんよ。」

「本当ですか。」

と、未亡人が驚く。

柳生弁護士が分かりやすく説明する。

「配偶者に対する相続税は軽減されるからですよ。ただ相続税の申告書の提出は必要です。ご参考までに基本的な相続税の計算方法を説明しておきましょう。まず、相続財産の価額は、原則として取得時の時価で評価します（相続税法第二二条）が、何を時価とするかが難しいので、課税実務では、特別な定めがある場合を除き、国税庁の相続財産評価基本通達による画一的な評価方式で評価されています。[注2] ただ、宅地と建物では評価方式が異なっています。宅地の評価方法としては路線価に基づく路線価方式と国税局長が定める倍率を乗じて算出する倍率方式があります。北浜地域のような市街地宅地は路線価方式で評価します。個々の宅地の具体的な路線価は、国税庁公表の『財産評価基準書の路線図』を見ればばかりますが、路線価は、土地取引の参考として国土交通省が公表する公示価格の約八割程度とされていますので、実勢価格（実際の取引価格）より低いのが一般的です。北浜のマンションの場合、敷地（宅地）の路線価を基に計算した評価額を各居住者の区分所有権の持ち分で案分しないと、一〇〇三号室分の宅地を評価できないのです。後日税理士さんに頼んで正確な評価額を計算してもらいますが、配偶者が三三〇㎡までの敷地を取得する場合は二〇パーセントで評価すればいいのです。一〇〇三号分の宅地評価は二〇〇〇万円くらいだと思いますので、相続税を計算する場合には、その評価額は四〇〇万円に軽減されます。」

「よく分かりましたが、結構複雑なんですね。」

柳生弁護士の説明が続く。

「次は建物部分ですが、建物の固定資産税評価額で評価します。市役所等で固定資産税評価証明書を取り寄せれば、その額を確認できます。」

「先生、今日、令和二年度の評価証明書を持参しております。」

「どれどれ、約四〇〇〇万円ですね。そうすると、三木さんのマンションの評価額は、土地の評価額の四〇〇万円を加えた約四四〇〇万円ということになりますね。これに預貯金の三五〇〇万円を加えた約七九〇〇〇万円が相続財産の総額です。」

ようやく相続財産の総額が計算できた。

柳生弁護士は未亡人に、

「そうそう、ご主人の葬式費用をご負担されていませんか。」と確認すると、

「私名義の預金から三〇〇万円引き出して支払いました。」

と、未亡人が答えた。

そこで、柳生弁護士が未亡人の相続税がゼロになることを順序立てて説明した。

「葬式費用の三〇〇万円は控除できますので、課税価格の総額は、約七六〇〇〇万円になります。この額から遺産に係る基礎控除額を差し引きます。基礎控除額は、三〇〇〇万円＋(六〇〇万円×法定相続人の数）の金額と決められています。三木さんの場合、法定相続人は二人ですから、基礎控除額は四二〇〇万円です。そうすると約七六〇〇〇万円から四二〇〇万円を差し引いた約三四〇〇〇万円が課税遺産総額です。この額を法定相続分で案分して取得価格を出すと、三木さんが約二五五〇〇万円、次郎さんが約八五〇〇万円になります。その金額に税率一〇パーセントをかけると税額[注3]が出ます。ただし、配偶者の場合は、相続税の軽減規定があって、相続する遺産の額が一億六〇〇〇万円又は法定相続分相当額のいずれか多い金額に満たないときは、相続税は課税されないことになっています。結局、その

金額に満たない遺産を相続する三木さんの場合、相続税はかからないことになります。」

未亡人は、柳生弁護士の説明にようやく納得した。

公証人役場

「明日、ご主人の除籍謄本を用意して午後一時に事務所に来てください。公証人役場までご一緒しますよ。そうそう、三木さんの運転免許証など身分を証明できるものを持参してくださいね。」

そう言って、柳生弁護士は未亡人を見送った。

翌日、柳生弁護士は、未亡人と共に、事務所近くの公証人役場に赴き、亡夫の三木光彦の公正証書遺言書の有無を照会した。

幸い、三木光彦は、生前かつての勤務先近くの公証人役場で、公正証書遺言をしていたことが確認できた。

早速、その遺言書の謄本を交付してもらい、中身を確認すると、

「一切の財産を妻真知子に相続させる。」

と、記されていた。

「先生、これで一安心しましたわ。今回のことがありましたので、私も遺言書を書くことにします。何から何までありがとうございました。」

と、未亡人は丁寧にお辞儀をした。

（注1）民法改正（平成三〇年法律第七二号）により、特定の遺産を特定の相続人に「相続させる」旨の遺言は、「特定財産承継遺言」と位置付けられ、当該遺産を当該相続人単独で相続させる遺産分割の方法を指定したものとなり、何らの行為を要せず、当該遺産は被相続人の死亡の時に直ちに相続により承継される（民法第一〇一四条第二項）。なお、相続分を超える部分については、対抗要件を具備しないと第三者に対抗できなくなったことに留意する必要がある（民法第八九九条の二第一項）。

また、相続人のうちの一人に対して一切の財産を相続させる旨の遺言がされた場合には、遺言の趣旨等から相続債務については当該相続人にすべてを相続させる意思のないことが明らかであるなどの特段の事情のない限り、相続人間においては当該相続人が相続債務もすべて承継する（最高裁平成二一年三月二四日第三小判決・民集六三巻三号四二七頁参照）。

（注2）国税庁長官通達「相続財産評価基本通達」(以下「評価通達」という）は、1で、時価とは課税時期（相続等により財産を取得した日等）においてそれぞれの財産の現況に応じ不特定多数の当事者間で自由な取引が行われる場合に通常成立すると認められる価額をいい、その価額は評価通達の定めによって評価した価額による旨を定め、他方、6で、評価通達の定めによって評

価することが著しく不適当と認められる財産の価額は国税庁長官の指示を受けて評価する旨を定める。

評価通達6の規定（以下「例外規定」という）を適用した課税処分の適否が争われた訴訟で、令和四年四月一九日、最高裁第三小法廷は、例外規定の適用基準を明らかにした（裁判所ウェブサイト）。

事案は、被相続人が一三億八七〇〇万円で購入した相続不動産につき、相続人（上告人）がその価額を評価通達の定める路線価方式などの評価方法に基づき約三億三三七〇万円と評価し、購入時の借入金などを差し引き、相続税額を「〇円」として相続税の申告をしたところ、課税当局は、例外規定を適用し、独自に実施した不動産鑑定士による鑑定評価額に基づき相続不動産の価額を約一二億七三〇〇万円と評価して相続人に約三億三〇〇〇万円の追徴課税処分をしたため、相続人がその取消しを求めたものであるが、同最高裁判決は、課税処分を適法とし、次のように判示した。

「租税法上の一般原則としての平等原則は、租税法の適用に関し、同様の状況にあるものは同様に取り扱われることを要求するものと解される。……相続税の課税価格に算入される財産の価額について、評価通達の定める方法による画一的な評価を行うことが実質的な租税負担の公平に反するというべき事情がある場合には、合理的な理由があると認められるから、当該財産の価額を評価通達の定める方法により評価した価額を上回る価額によるものとすることが上記の平等原則に違反するものではないと解するのが相当である。」とし、本件で近い将来相続の発生が予測できる時期に本件不動産の購入や借入れが行わなければ、相続財産の課税価格が六億円を超えていたので、あえて相続人らがこれらの行為をしたことは、租税負担の軽減をも意図したものといえる。そうすると、本件不動産の価額について「評価通達の定める方法による画一的な評価を行うことは、本件購入・借入れのような行為をせず、又はすることのできない他の納税者と上告人らとの間に看過し難い不均衡を生じさせ、実質的な租税負担の公平に反するというべきであるから、上記事情があるものということができる。」

なお、評価通達による画一的な評価方式について、東京地裁平成四年三月一一日判決（判例時報一四一六号七三頁）は「課税実務上は、相続財産評価の一般的基準が評価通達によって定められ、そこに定められた画一的な評価方式によって相続財産を評価することとされている。これは、相続財産の客観的な交換価格を個別に評価する方法をとると、その評価方式、基礎資料の選択の仕方等により異なった評価価額が生じることを避け難く、また、課税庁の事務負担が重くなり、課税事務の迅速な処理が困難となるおそれがあること等からして、あらかじめ定められた評価方式によりこれを画一的に評価する方が、納税者間の公平、納税者の便宜、徴税費用の節減という見地からみて合理的であるという理由に基づくものと解される。」と判示している。

（注3）これらの税額を合計した「相続税の総額」を実際の分割割合で按分して各相続人が納付すべき税額を算出することになる。もっとも、本文で述べるとおり、配偶者の場合、これに税額軽減を受けることができるため、実際の納税額がゼロになることが多い。

労働基準法

「労働時間と賃金」

労働時間の計算

ある日の午後、柳生弁護士は、「㈱三丘物流」の木村総務部長から、労働問題の法律相談を受けることになった。

㈱三丘物流は、倉庫・物流業界では中規模とはいえ、年間売上げ約二〇〇〇億円、従業員約一〇〇〇人の会社である。

「木村部長、お久し振りですね。今日は労働事件専門の堀山浩之弁護士と一緒にお話を聞かせてもらいますよ。」

そう言って柳生弁護士は堀山弁護士を木村部長に紹介した。

「ご配慮ありがとうございます。実は、弊社の業績も改善してきていますので、従業員の賃上げを検討しているところです。そこで、時間外労働、休日労働、深夜労働の労働時間の計算方法などについてご教示いただきたいと思っています。」

と、木村部長は話し始めた。

「そうですか。では一つ一つ問題点を話してください。」

と、柳生弁護士が先を促した。

「最初にご教示をお願いしたいのは労働時間の単位の問題です。基本的に一分単位で計算するものと理解すればよろしいでしょうか。」

「そのとおりです。」

と、堀山弁護士が答えた。

「弊社の場合、一か月間の時間外労働・休日労働及び深夜労働の労働時間数を合計した結果、三〇分未満の端数があるときは、仮に二五分であっても切り捨ててゼロにし、三〇分以上一時間未満のときは、一時間に切り上げて計算しています。このような計算の方法で問題がないでしょうか。」

「そのような方法を採っても、常に労働者の不利となるものではなく、事務簡便を目的としたものとして認められるでしょう。この点については、労働基準法違反（賃金不払い）としては取り扱わないとする通達(注1)があります。ただ、通達は、あくまでも一か月間の時間数を合計した場合の端数の取扱いに限定したものです。ですから、一日ごとに、端数を切り捨てたり、切り上げたりして計算することは労働基準法に違反しますよ。」

と、堀山弁護士が注意喚起した。

「その点は注意します。弊社では、時間外労働の縮減に取り組んでおり、時間外労働の事前許可制を採用する方向で検討しています。事務の簡便さを考慮し、たとえば時間外労働時間を三〇分単位で申告させたいのです。そうすれば三〇分未満の時間数を常に切り捨てることができると思うのですが……。」

堀山弁護士は、

「そのような取扱いは、労働基準法違反になるでしょうね。ただ、事前許可制そのものは労働時間の管理には有用ですので、申告時間を三〇分単位とすることもやむを得ない側面があります。ですから、タイムカード等を併用し、実際の時間外労働時間を一分単位で集計できるのであれば、問題はないと思いますよ。」

と、解説した。

「結構、専門的な事柄だね。」

と柳生弁護士が口を挟んだ。

「そうなんですよ。」

と、堀山弁護士が頷いた。

割増賃金

木村部長の質問が続く。

「労働基準法第三七条の割増賃金についてお聞きしたいのです。弊社の場合、就業規則で一日の所定労働時間を七時間三〇分としていますので、従業員が、所定労働時間を超えて法定労働時間の一日八時間まで勤務する場合もあります。このような所定労働時間外労働についても、二割五分以上(注2)の割増賃金を支払わなければなりませんか。」

堀山弁護士が見解を示す。

「ご質問はいわゆる法定内残業のことですね。法定内残業時間が一週の法定労働時間（原則四〇時間）を超えない限り、法定内残業について割増賃金を支払う必要はありません(注3)が、通常の労働時間の賃金は支払わなければなりません。」

木村部長が

「分かりましたが、弊社の場合、法定内残業をしても三〇分以内にしかならないので、割増賃金を支払うべき時間外労働と区別して集計して賃金を計算することになると、事務が繁雑になってしまいます。何か良い方法はありませんか。」

と、訊ねた。

「そうですね。会社側が、法定内残業についても割増賃金を支給する旨を就業規則や賃金規則に規定すれば、割増賃金を支払うことができます。そうすれば集計と計算の煩雑さは解消されると思います。ご検討ください。」

と、堀山弁護士がアドバイスをした。

「なるほど、社内でよく検討することにします。」

と、木村部長が応じた。

遅刻・早退

「先生、遅刻・早退の問題ですが、弊社では、従業員の労働時間は管理職が確認し、記録する方法で管理しています。(注4) 賃金規則には、遅刻・早退を理由として賃金を控除できる規定がないので、今後は、賃金控除ができるよう賃金規則を改定することを考えています。」

と、木村部長が言った。

「それなら、タイムカード制を採用して、労働時間を一分単位で記録しておくべきでしょう。特に、遅刻により始業時刻が繰り下がった場合、繰り下がった時間分については、所定の終業時刻以降でも、一日八時間以内であれば、割増賃金の支払をせずに就労させることができますね。やや特殊な例ですが、タイムカード制を採っていれば、仮に、後日、訴訟等で未払残業代を請求された場合、早退した時間分については、一週四〇時間・一日八時間の法定労働時間の枠から除外できると思いますよ」と、堀山弁護士が見解を示す。

休憩

木村部長の質問が続く。

「弊社ではいわゆる『タバコ休憩』を認めていますが、この喫煙時間は労働時間に含めて考えることができますか。」

「結論からいうと、含める必要があると思います。」

「どうしてですか？」

と、木村部長が質問した。

堀山弁護士が回答する。

「労働基準法上の労働時間(注5)には、実際に労働に従事している実労働時間だけでなく、現に労働に従事していなくとも、指示があれば直ちに労働に従事しなければならない時間、いわゆる手待時間も含まれるのです。逆にいうと、制度として労働からの解放が保障されている時間でない限り、労働時間に含めて考える必要があるからです。」

会社行事

「弊社では、従業員が会社行事に積極的に参加することを奨励しています。行事への参加時間をどのように取り扱えばよいのでしょうか。」

堀山弁護士が回答する。

「就業時間外の教育訓練への参加時間について、就業規則上の制裁等、不利益な取扱いにより出席を強制するものでなく、自由参加のものであれば、時間外労働には当たらないとした通達(注6)があります。会社行事への参加についても、この通達と同様の基準で考えることができると思います。」

待機

「弊社の本社ビル内に社員の福利厚生も兼ねたバーラウンジを設けています。実は、経費削減のため、弊社のバーラウンジで、役員らが取引先を接待する際にも利用しています。このような接待時には、総務課の課員を飲食提供要員として待機させています。この待機時間についてはどのように考えるべきでしょうか。」

堀山弁護士が回答する。

「バーラウンジですか。なかなかよいアイデアですね。それはともかく、貴社のバーラウンジでの接待それ自体が業務性を有するものと認められるのであれば、その接待のために飲食の提供要員として待機する従業員の待機時間も、労働時間に含まれるものと考えてよいでしょうね。」

と、木村部長が頭を下げた。

「今日はお忙しい中、貴重なご意見をいただきありがとうございました。」

「今後、もし何かご不明な点などがありましたら、いつでもご連絡ください。」

と、柳生弁護士が法律相談を締めくくった。

（注1）通達（昭和六三年三月一四日基発一五〇号）は、労働基準法第二四条、第三七条違反として取り扱わないとしたにとどまり、これらの方法による労働時間の把握・賃金計算の方法を積極的に勧めるものでない。

（注2）ただし、一か月について六〇時間を超える時間外労働に対しては五割以上となる（労働基準法第三七条一項ただし書）が、中小事業主の事業については、令和五年三月三一日までは適用されない（平成三〇年法律第七一号による改正前の同法第一三八条）。

（注3）昭和二二年一二月一五基発五〇一号、昭和六三年三月一四日基発一五〇号、平成一一年三月三一日基発一六八号。

（注4）厚生労働省の「労働時間の適正な把握のために使用者が講ずべき措置に関するガイドライン」（平成二九年一月二〇日策定）によれば、使用者は、労働時間を適正に把握するため、労働者の労働日ごとの始業・終業時刻を確認し、これを記録し、その方法としては、原則として、①使用者が自ら現認することにより確認し、適正に記録するか、②タイムカード、ＩＣカード、パソコンの使用時間の記録等の客観的な記録を基礎として確認し、適正に記録するか、いずれかの方法を採らなければならない。

これらの方法によることなく、自己申告制によりこれを行わざるを得ない場合には、使用者は、①自己申告制の対象となる労働者に対して、本ガイドラインを踏まえ、労働時間の実態を正しく記録し、適正に自己申告を行うことなどについて十分な説明を行うこと、②実際に労働時間を管理する者に対して、自己申告制の適正な運用を含め、本ガイドラインに従い講ずべき措置について十分な説明を行うこと、③自己申告により把握した労働時間が実際の労働時間と合致しているか否かについて、必要に応じて実態調査を実施し、所要の労働時間の補正をすることなどの措置を講じなければならない。

さらに、使用者は、労働者名簿、賃金台帳のみならず、出勤簿やタイムカード等の労働時間の記録に関する書類について、労働基準法第一〇九条に基づき、三年間保存しなければならない。

（注5）厚生労働省の前掲のガイドラインによれば、労働時間とは、使用者の指揮命令下に置かれている時間のことをいい、使用者の明示又は黙示の指示により労働者が業務に従事する時間は労働時間に当たる。手待時間以外にも、①使用者の指示により、就業を命じられた業務に必要な準備行為（着用を義務付けられた所定の服装への着替え等）や業務終了後の業務に関連した後始末（清掃等）を事業場内において行った時間、②参加することが業務上義務付けられている研修・教育訓練の受講や、使用者の指示により業務に必要な学習等を行っていた時間についても、使用者の指揮命令下に置かれていると評価される時間として労働時間になる。

（注6）昭和二六年一月二〇日基収二八七五号、昭和六三年三月一四日基発一五〇号。

第二部

専門実務編

特別背任
「リベート」

告訴

「先生、桂本です。ちょっとお願いがあります。」

桂本小次郎は淀屋総合法律事務所の中堅弁護士の一人だ。

「元気そうだね。お願いとは？」

と、柳生弁護士が訊くと、桂本弁護士が話し始めた。

「私の顧問先に『株式会社明智堂本舗』という中堅の製薬会社があるのですが、古参の役員の不祥事が発覚したのです。実は、武川健夫という五五歳の常務が、取引先の化学メーカー『ダブルX』から多額のリベートを受け取っていたのです。総額で約二〇〇〇万円になります。オーナー社長は武川常務に裏切られたと怒り心頭です。武川常務を特別背任で刑事告訴したいそうです。」

「特別背任で告訴するとなると、そう簡単なことではありませんよ。」

と言いながら、柳生弁護士は、手許の六法全書を繰った。

「何事も基本が大事です。会社法第九六〇条でしたね。特別背任罪の構成要件を確認しておきましょう。」

関係条文

第九六〇条第一項（取締役等の特別背任）

次〔第一号から第八号〕に掲げる者が、自己若しくは第三者の利益を図り又は株式会社に損害を加える目的で、その任務に背く行為をし、当該株式会社に財産上の損害を加えたときは、一〇年以下の懲役若しくは一〇〇〇万円以下の罰金に処し、又はこれを併科する。

一及び二（略）

三　取締役、会計参与、監査役又は執行役（以下略）

特別背任の成否

柳生弁護士は、条文を見ながら、

「取締役である武川常務が、『自己若しくは第三者の利益を図り又は株式会社に損害を加える目的』、つまり図利加害の目的で、どのような任務に背く行為をし、明智堂本舗という会社にどんな損害を加えたか、そのことを明らかにしなければならないことになります。まあ、今言った点について、常務はどのように説明しているのか、その点をまず知っておきたいですね。」

と訊ねた。

「既に、明智堂本舗では、社内調査委員会を立ち上げ、武川常務からも直接事情を聞いています。常務は『ダブルX』から受け取っていた金は、リベートではなく、仲介手数料だと弁解しているようです。」

「何の仲介手数料なのかは後で詳しく説明してもらいますが、仲介手数料は武川常務自らが現金で直接受け取っていたのですか。」

「そうではありません。『トラトラ』という会社の口座に毎月振り込まれていたのです。その総額が約二〇〇〇万円になっていたそうです。」

「その『トラトラ』と武川常務とは、どんな関係にあるのですか。」

「武川常務が個人的に設立した経営コンサルタント会社だそうです。代表者は常務の奥さんですが、常務が役員に名を連ね、会社を実質的に経営しています。」

「なぜ『トラトラ』が仲介手数料を受け取ることになったのですか。」

「明智堂本舗は、ある薬品の主原料を、三年前までは『シングルA』から仕入れていたのですが、シングルAが倒産したため、当時、仕入部門担当役員だった武川常務の専決で、『ダブルX』に仕入れ先を変更したそうです。そのときに、常務とダブルXとの間で、毎月、仕入金額の五パーセントを仲介手数料として、三年間、『トラトラ』名義の預金口座に振り込んで支払うという裏約束ができたようです。」

柳生弁護士は、少し考えを巡らした後、質問を続けた。

「おおよそのことは分かりました。ところで、ダブルXから仕入れた主原料の単価や品質は、シングルAから仕入れていたものと違いがあったのですか。」

「それが全く同じだったのです。そのためダブルXと新規取引をすることになっても、他の役員からも異論が出なかったと聞いています。」

「そうすると、ダブルXが武川常務側に仲介手数料を支払っていたとしても、それは、ダブルX側の事情に過ぎず、明智堂本舗には何らの損害が発生していないことになりますね。」

「そう言われれば、そうなりますね。特別背任での告訴は無理ですか。」

桂本弁護士は少し落胆した表情を見せた。

「今聞いた限りでは難しいですね。もっとも、事実関係次第では、会社に損害が発生していると認められることもあるでしょうね。特別背任の他の成立要件を充足しているが、損害が発生していなかった場合には未遂罪で処罰できます（会社法第九六二条）が、実務では未遂で立件されることは稀ですね。」

と、柳生弁護士が説明した。

「今回のケースでは、どのような場合に損害が発生していると認められるのでしょうか」

と、桂本弁護士が訊ねた。

「そもそも、ダブルXの社長が毎月五パーセントの仲介手数料を三年間も支払うことを約束したのはなぜだったのでしょう。何か裏事情があったのではないでしょうか。それがはっきりすれば、特別背任に問える可能性も出てくると思いますよ。社内調査委員会でもっとよく調査してみたらいかがですか。」

と、柳生弁護士が的確なアドバイスをした。

「分かりました。そのほかどのような点を検討すべきでしょうか。」

「先ほど、シングルAとダブルXから仕入れていた主原料はいずれの単価も品質も同じだったと説明していましたね。本当にそうだったのでしょうか。」

「そのように聞いています。」

「是非、その点の真偽を確かめてもらいたいですね。」

と、柳生弁護士が念を押した。

中間報告書

数日後、桂本弁護士が社内調査委員会の中間報告書を持参して柳生弁護士の執務室を訪ねた。

「先生のアドバイスがとても参考になったそうです。シングルAの元社長の協力を取り付け、更に調査を進めたとのことです。その結果、重要な事実が明らかになりました。詳しくは報告書に書いてありますが、武川常務は、シングルAから仕入れた主原料の仕入単価が市場価格より五パーセント以上も高いので、担当部長に指示し、シングルAに対し、主原料の単価を五パーセント値引きするよう交渉させていたのですが、その最中にシングル

Aが倒産してしまったそうです。」

「それは重要な事実だね。」

と、柳生弁護士が感想を述べると、桂本弁護士はダブルXの社長のヒヤリング内容について詳細に説明した。

「ダブルXの社長の話によると、主原料の販売単価は市場価格からみて少なくとも五パーセント以上は高すぎたので、ダブルX側としては、五パーセントに相当する金額を値引きすることもできたそうです。値引ではなく、シングルAと同様の単価で明智堂本舗に主原料を毎月販売し、その都度、五パーセント分を「トラトラ」の口座に振り込んでバックすることでもよかったそうです。いずれの方法を採っても、ダブルXにとっては実質的に変わりはないし、武川常務のお陰で明智堂本舗との取引ができるようになったので、常務の指示に従って五パーセント分をバックしていたそうです。」

「そうなると、仕入単価の五パーセントに相当する金額の損害を明智堂本舗に与えたことになるでしょうね。」

告訴事実

「常務はどのような任務に背く行為をしたことになるのでしょうか。」

と、桂本弁護士が訊ねた。

「それはいい質問だね。たぶん桂本君は告訴事実をどのように書いたらいいのか悩んでいたのだろうね。」

「その通りです。」

「簡単に要点だけいうと、仕入担当部門の役員としては、ダブルXとの間で、主原料の仕入単価を値引きするよう交渉をし、明智堂本舗に無用の支出をさせることを避けるべき任務があるのに、これを怠り、自己の利益を図る目的で、役員個人が実質的に経営するトラトラ名義の預金口座に毎月主原料の仕入単価の五パーセント相当額の振り込みを続けさせ、明智堂本舗にその額に相当する損害を加えた、という告訴事実になるだろうね。それから、もっと肝心なことがありますよ。トラトラ名義の預金口座に振り込まれた金の使い道です。これがはっきりしないと、問題が残りますよ。」

「先生、どうして問題があるのですか。」

と、桂本弁護士は怪訝な表情を浮かべた。

「仮にだよ。例えば、その金がすべて明智堂本舗のために使われていた場合も考えられるでしょう。裏の接待交際費とかですよ。大会社の場合、損金計上できる接待交際費には限度があるでしょう。武川常務が、トラトラ名義の預金を、会社のため裏の接待交際費に使っていたとしたら、任務に違背したことにならないからです。」

と、柳生弁護士が解説した。

「そうですか、勉強になりました。実は、調査委員会の調査では五〇〇万円くらいの使途を明らかにできなかったそうです。武川常務は、二〇〇〇万円全額が仲介手数料だったと弁明していますが、将来、使途不明の五〇〇万円は裏の接待交際費に使ったと弁解するおそれもありますね。」

「その可能性はあるように思いますね。」

「先生、調査委員会の調査によれば、一五〇〇万円については、武川常務がトラトラの借入金の返済に充てていたことを確認していますので、その分は、さすがに常務も否認できないと思います。」

「まあ、二〇〇〇万円のうち、一五〇〇万円をトラトラの借入金の返済に充てていたことからすると、武川常務には自己の利益を図る目的があったといえるだろうね。」

するとと、桂本弁護士が質問した。

「仮に、使途不明の五〇〇〇万円は裏の接待交際費に使ったとの弁解が認められると、武川常務には、会社の利益を図る目的もあったことなりますね。このような場合でも、特別背任罪は成立するのでしょうか。」

「要するに、自己の利益を図る目的と本人（会社）の利益を図る目的とが併存する場合にどのように考えるかの問題です。判例・通説では、二つの目的の主従によって特別背任罪の成否が決められることになるとし、従たる目的として本人の利益を図る目的があっても、主たる目的が自己の利益を図るものであれば、特別背任罪が成立すると解されています。[注] 武川常務の場合も、主たる目的は自己の利益を図るためのものと認められるので、特別背任罪が成立すると思いますね。」

と、柳生弁護士が簡潔に解説した。

「今日は、いろいろと教えていただき、刑事告訴できる見通しがつきました。ありがとうございました」と、言って桂本弁護士は退室した。

（注） 大塚仁＝河上和雄＝中山善房＝古田佑紀編『大コンメンタール刑法〔第三版〕第13巻』（二〇一

八年、青林書院）三二九頁〔島戸純〕参照。

なお、特別背任罪の成立を否定した裁判例として、いわゆる「山下汽船造船疑獄事件」の東京地裁昭和三四年九月二一日判決・判例時報二〇二号四頁がある。

山下汽船の取締役が造船所側との船舶建造請負契約締結に際し、船価の一部をリベートとして返戻させる約束してこれを受領して会社に損害を与えたとして特別背任罪で起訴されたが、裁判所は、リベートの約定がなければそれだけ安い船価で契約できたと速断できず、船価の取り決め方に任務違背がなく、リベートを約定、受領した目的、動機は専ら会社の利益を図る点にあり、リベートを裏勘定として受け入れられたものの、会社の金として受領・保管され、会社のためになる用途に支出されたものであるから、会社に損害を与えたこともないとして、特別背任罪の成立を認めず、取締役を無罪とした（同事件6グループ）。

業務上横領「公訴時効」

被告訴人

平成三〇年の夏、柳生弁護士は、自宅リビングで朝刊の連載小説を読んでいると、電話が鳴った。

「朝からお騒がせして申し訳ありません。」

電話は、夙川沙也佳弁護士からだった。彼女は、淀屋総合法律事務所の中堅弁護士で、家事事件専門だ。

「何かありましたか。」

「今、同期の竹中平太弁護士が黒川勘助という方と一緒に来所しています。実は黒川さんは、元の勤務先から業務上横領で地検に刑事告訴されているそうです。」

「黒川さんの弁護を引き受けてくれという話ですか。」

「できれば、お願いしたいのです。」

「告訴事実はどういうものですか。」

「上司と共謀して会社の金約八一〇〇万円を横領したようです。」

「それなら僕が弁護人にならなくても、夙川さんと竹中弁護士の二人だけで十分弁護できると思いますよ。」

「それが先生のお力をお借りしたい事がありまして、申し訳ありませんが、これから事務所に来ていただけませんか。」

「夙川さんの頼みなら断れませんね。一時間後に事務所に入ります。」

裏金口座

事務所の応接室に入ると、黒川勘助が不安そうな顔をして座っていた。

「柳生です。早速ですが、黒川さん、告訴された事件の経緯などを詳しくお話ししていただけますか。」

「分かりました。何からお話すればよろしいのですか。」

「思いつくままで結構です。」

以下はその概要である。

徳川商事では、一〇年前に経費を削減するため接待交際費の予算を大幅に削減した。ただ、役員に限り簿外で交際費を使えようにすることを決めた。その資金を捻出するための裏金作りは真田幸夫専務が担当することになった。

真田専務は、黒川勘助経理部長に指示し、ペーパーカンパニー「ジャイアン」を設立させた。徳川商事は、ジャイアンと架空取引を始め、毎月、ジャイアンに対する架空手数料を計上し、その振込口座として中之島銀行淀屋橋支店にジャイアン名義の預金口座（以下、「裏金口座」という。）を開設した。以降、黒川部長が裏金口座を管理し、適宜、裏金口座から引き出した現金で役員の簿外交際費を支払っていた。

今から約七年前に、徳川商事の社長が交代した。その当時、裏金口座の残高は、約八一〇〇万円だった。

裏金口座の発覚をおそれた真田専務は、裏金を着服しようと考え、黒川部長に裏金口座の解約を命じた。黒川部長は、真田専務の企てに気付きながらも、その指示に従い、裏金口座を解約して全額現金で払い戻し、約八一〇〇万円の現金をカバンに入れて真田専務に渡した。

真田専務は、カバンの中の現金を確認した上、黒川部長に、そのうちの一〇〇万円を手渡しながら、

「これで頼むよ。通帳と印鑑は君の方で処分してくれ。」と、命じた。

黒川部長は、「承知いたしました。」と言って、一〇〇万円を受け取ったが、その現金については通帳等の後始末の手数料と今回の件の口止め料だと理解した。

その後、真田専務は、松平物産の社長に就任し、黒川部長は徳川商事から松平物産の常務に転出し、真田社長の部下となった。

一年前、徳川商事とジャイアンとの取引に不正があるとの内部告発があった。直ちに徳川商事は社内調査委員会を立ち上げ調査を始めた。これを察知した真田社長は、黒川常務に一年限りの約束でタイの子会社への転勤を命じた。

単身赴任後、黒川常務は、あと三か月でタイでの勤務を終えるというときに、定期検診で胃がんが見つかった。妻の希望でもあり、日本で手術を受けるために急遽帰国した。

その直後、黒川常務は、自分が地検に刑事告訴されていたことを知って、知人を通じ竹中弁護士に相談したというのが事の経緯だった。

手術か出頭か

「先生、このままでは、地検に逮捕されてしまうのでしょうか。何とかして胃がんの手術を受けたいのです。今なら間に合うと医者が言ってくれています。」

と、黒川常務が柳生弁護士に訴えた。

夙川弁護士も、「先生のお力で何とかならないでしょうか」と、頭を下げた。

「そう言われれば断るわけにはいきませんね。確認したいんですが、黒川さん、裏金口座を解約したのはいつでしたか。」

と、柳生弁護士が訊ねた。

「確か、平成二三年七月一日です。その日は私の誕生日だったのでよく覚えています。」

「今日は平成三〇年七月一五日ですから、既に七年経っていることになりますね。」

「それが何か問題でも？」

と、怪訝そうな顔をして、竹中弁護士が訊ねた。

「公訴時効ですよ。業務上横領の公訴時効は七年ですからね。(注1)」

と、柳生弁護士が言った。

「そうすると、時効が完成しているので起訴されないのですか」と、表情が急に明るくなった黒川常務が訊ねた。

「いやいや、黒川さんの時効はまだ完成していませんよ。刑事訴訟法では、犯人が国外にいる場合には国外に居る期間は、公訴時効の進行が停止されるのですよ。」

「そうですか」と、黒川常務は肩を落とす。

柳生弁護士が訊ねた。

「それはそうと、黒川さんが帰国したのはいつでしたか？」

「えっと、一〇日前です。」

「黒川さんがタイで勤務していた九か月間は、時効の進行が停止されているので、公訴時効が完成するまで、あと九か月ありますね。それだけあれば、地検としても十分捜査ができそうですね。」

「柳生先生、主犯の真田社長の公訴時効は完成していることになりますか。」

と、竹中弁護士が訊ねた。

「そうとも言い切れないですよ。」

「どうしてですか。」

その質問に答えないで柳生弁護士は、黒川常務に訊ねた。

「黒川さん、真田社長が海外に出張することは多いのですか。」

「真田社長は、徳川商事の専務だったときは海外業務担当でしたので、海外には一年のうち半分くらい出張されていたと思います。松平物産の社長になってからも一年のうち少なくとも、併せて三か月くらいは海外に出張しています。」

「公訴時効が完成していない可能性が高いね。」

と、柳生弁護士が呟いた。

すると、夙川弁護士が遠慮がちに言った。

「一時的な海外渡航の場合、国内の住所に起訴状の謄本送達が可能なので、時効を停止させる必要がないとする説と、犯人が国外にいるときは日本の捜査権が及ばないので公訴時効を停止させるべきだとする説が対立して定説がなかったように思うんですが……。」

「その通りだったんだがねえ、平成二一年一〇月、最高裁が、『犯人が国外にいる間は、それが一時的な海外渡航による場合であっても、公訴時効はその進行を停止する[注2]』という見解を示したんだよ。」

と、柳生弁護士が指摘した。

「そうですか。勉強になります。真田社長の場合も時効が停止している期間があるので、時効が完成していない可能性も十分あるわけですね。」

「既に地検が法務省入国管理局（現在の法務省出入国在留管理庁）に海外渡航歴を照会して回答をもらっているはずだよ。」

一息ついた柳生弁護士は「それじゃあ、主任検事とアポイントメントをとってみることにしますか」と、立ち上がり、執務室に戻った。

地検

柳生弁護士が地検に出向くのは久し振りだ。木下和男検事の部屋を訪ねた。

「早速ですが、業務上横領で地検に告訴されている黒川勘助さんの事件で、ちょっとお願いしたいことがあるんです。黒川さんの事件はうちの事務所の夙川弁護士が受任しているのですが、僕も手伝うことにしたのです。」

「そうですか。」

と　木下検事。

柳生弁護士が陳情を始めた。

「実は、黒川さんが、日本で胃がんの手術をするため、一〇日前に帰国したのですが、今日、私の事務所を頼って来られたので、夙川さんと一緒に話を聞きました。黒川さんは事件のことについて正直に話していますし、主犯は真田社長ですので、黒川さんに同情できる点もあると思います。黒川さんが海外にいる間の九か月間は時効は進行していませんので、まだ捜査する時間は十分あると思います。手術が済み次第、地検の調べに応じさせます。それまで呼出しは待ってもらえないかと、善処方お願いに来たのです。」

「分かりました。先生がそこまでおっしゃるのなら考えますが、入院先や手術予定日などを後日お知らせ願えますか。」

と、木下検事が言った。

「それはもちろんです。必ず夙川弁護士から連絡させますが、真田社長の海外渡航歴は照会済みでしょうね。」

少々返事に困っている木下検事の目を見つめながら、柳生弁護士は独り言のように話を続けた。

「まだ時効完成まで十分時間があるし、既に任意で真田社長の取調べも済ませていると思いますが、今まで、海外にいた黒川さんの取調べができていないため、真田社長を直ぐには逮捕できなかったんでしょうね。これは憶測ですが、経理部長一人の犯行だと、真田社長に否認されて少々手詰まりというところじゃないのかなあ。」

「先生には負けますよ。」

木下検事が苦笑いをした。

「ではよろしく頼みます。これで失礼します。」

と、言って柳生弁護士は退室した。

真田社長の逮捕

翌日、黒川常務は癌センターに入院した。精密検査をした上、胃を全摘したが、術後の経過が良好で無事退院した。

一か月後、黒川常務は地検から呼び出しを受け、事件について詳細に供述した。

その三日後、真田社長は業務上横領容疑で逮捕・勾留され、その後、勾留満了日に起訴された。

真田社長は、事件後、海外で豪遊し、カジノ賭博で大負けするなどして、横領金の大部分を使い切ったという。

黒川常務は、徳川商事に一〇〇万円を弁償し、諸般の情状が酌量され、真田社長の起訴日に不起訴(起訴猶予)になった。

（注1）業務上横領（刑法第二五三条）の法定刑は一〇年以下の懲役。長期一五年未満の懲役又は禁錮に当たる罪については、時効は七年を経過することによって完成する（刑事訴訟法第二五〇条第二項第四号）。

なお、例えば、真田専務が松平物産の社長に就任直後に、真田社長が本件裏金口座を徳川商事のため業務上預かり保管していた黒川部長に指示して裏金口座を解約させて裏金を着服した場合には、真田社長には業務上の占有者の身分がないので、真田社長の着服行為は、刑法第六五条一項、同法第六〇条により、業務上横領罪（同法第二五三条）に該当するが、同法第六五条第二項により単純横領罪（同法第二五二条第一項）の刑が科されることとなる。このような事案において、公訴時効の基準となる刑は、成立する業務上横領罪の刑（懲役一〇年以下）か、科すべき単純横領罪の刑（懲役五年以下）か、いずれと解するべきだろうか。前者なら公訴時効の期間は七年となり、後者ならそれは五年（刑事訴訟法第二五〇条第二項第五項）となる。この点に関し、最高裁令和四年六月九日第一小法廷判決は、公訴時効制度の趣旨等に照らすと、公訴時効の期間は、科すべき単純横領罪の法定刑である五年以下の懲役について定められた五年であると解するのが相当であると判示する（裁判所ウェブサイト）。

（注2）最高裁平成二一年一〇月二〇日第一小法廷決定・刑集六三巻八号一〇五二頁参照。

危険運転致傷

「危険運転」

追突事故

「先生、お時間をいただけますか、実は、大学の同級生からの紹介で、危険運転致傷事件の私選弁護を引き受けたのです。それでご相談したいのです。」

と、夙川沙也佳弁護士が切り出した。

淀屋総合法律事務所では、柳生英五郎弁護士の知恵を借りる若手や中堅弁護士は少なくない。

家事事件を得意分野とする夙川弁護士もその一人だ。刑事弁護の実務経験は少なく、事件の見通しも立たず、弁護方針にも少し迷いがあった。

「今日は暇ですから、大歓迎ですよ。」

と、柳生弁護士は答えた。

「依頼者は福島誠一さんという二七歳の外科の研修医です。高速道路で追突事故を起こし、地検に送致されたところです。」

「そうですか。まあ、危険運転致傷罪の法定刑は一五年以下の懲役ですからね。事故態様や傷害の程度によっては、実刑もあり得るし、弁護するとなると、夙川さんも結構大変だと思いますよ。それで、具体的にどんな追突事故だったんですか？」

「日本製の高級車を運転し、制限速度が時速八〇キロの高速道路を時速約一四〇キロで走行中、カーブでハンドル操作を誤って、車を道路側壁に衝突させ、その弾みで前方を走っていた被害者の車の後部に自分の車を追突させたそうです。」

と、夙川弁護士が説明する。

「被害者の怪我の程度は？」

「それが、被害者は、シートベルトを着けていたし、運転席のエアバッグも開いたため、加療約一週間の打撲傷で済んだそうです。」

「誠一君に交通関係の前科・前歴がありますか。」

「一度、駐車違反で反則金を払ったことがあるだけと言っていました。」

「では、どうして時速約一四〇キロも出して車を運転していたんですか。」

「事故当日、誠一さんは、神戸に住む父親に紹介する女性を新大阪駅まで車で迎えに行くことになっていたそうです。途中、一般道で車の渋滞に巻き込まれ、約束の時刻に間に合わなくなったため、仕方なく、高速道路に入り、車の速度を上げたところ、パトカーに追尾され、更に速度を上げたそうです。」

「おおよそのことは分かりました。夙川さんが相談したいことは何ですか。」

「事件の見通しです。実は、誠一さんの父親は総合病院の院長です。もし、今回の事件で、危険運転致傷罪で起訴されて実刑にでもなれば、誠一さんは父親の病院を継げなくなるかもしれないのです。」

と、夙川弁護士は言った。

危険運転行為

平成二六年五月二〇日「自動車の運転により人を死傷させる行為等の処罰に関する法律」（自動車運転死傷行為処罰法）が施行され、これに伴い、従前の刑法第二〇八条の二「危険運転致死傷」と第二一一条第二項の「自動車運転過失致死傷」に対する各罰則が「自動車運転死傷行為等処罰法」（平成二五年法律第八六号）に移された。

同法では、自動車運転過失致死傷罪は罪名を「過失運転致死傷罪」に変更され、危険運転致死傷罪は二つの類型に分類し、第二条と第三条(注1)に規定が置かれた。

その後、対象行為が拡大され、現在の第二条は「次に掲げる行為を行い、よって、人を負傷させた者は一五年以下の懲役に処し、人を死亡させた者は一年以上の有期懲役に処する」とし、危険運転行為に当たるものとして八つの行為を列記している。

①アルコール又は薬物の影響により正常な運転が困難な状態での走行、②進行を制御することが困難な高速度での走行、③進行を制御する技能を有しない走行、④妨害目的で走行中の自動車の直前に進入するなどし、かつ、重大な交通の危険を生じさせる速度での走行、⑤赤信号等を殊更無視するなどし、かつ、重大な交通の危険を生じさせる速度での走行などを挙げている。

今回の事故では、このうち②の「進行を制御することが困難な高速度での走行」に当たるかどうかが問題になる。

高速度のため自車を道路の状況に応じて的確に進行させることが物理的に困難な状態で走行すれば、②の危険運転行為に該当する(注2)。

柳生弁護士が六法全書で関係条文を確認していると、

「先生、誠一さんは時速約一四〇キロで走行していましたから、やっぱり危険運転致傷罪での起訴は免れないでしょうか。」

と、夙川弁護士が不安げに訊いた。

「そうだなあ、必ず起訴されるとも言い切れんよ。危険運転の該当性の有無は、実際の道路の状況（道路の形状・路面の状況等）、加害車両の速度・構造・性能・積載状況などの具体的な客観的な事実に照らして判断されるべきものだよ。仮に証拠上、時速約一四〇キロで走行していたことが認定できても、直ちに進行を制御することが困難な高速度での走行に該当するとはいえませんね。今回の事故では、道路の形状、つまり勾配とかカーブの曲りの程度がどうなっていたかが判断の決め手になると思いますよ。」

と、柳生弁護士が言った。

「誠一さんの場合はどうなるのですか。」

「確か、誠一君が運転していたのは高級車でしょう。性能はかなり良いはずだと思いますね。その点を含め、道路状況等をも考慮すれば、進行を制御することが困難な高速度での走行はなく、単なるハンドル操作ミスで追突事故になったとの反論ができるとしたら、危険運転致傷罪ではなく、過失運転致傷罪にとどまるだろうね。[注3] 法定刑も懲役七年以下の懲役若しくは禁錮又は一〇〇万円以下の罰金と、危険運転致傷罪よりも軽いですからね。幸い、誠一君には前科もありませんし、被害者は加療約一週間の打撲傷という軽傷だし、示談が成立すれば、起訴が猶予される可能性もあるだろうね。」

「先生、よく分かりました。」

顔の表情まで明るくなって夙川弁護士が部屋を出ようとした。

「夙川さん、ちょっと待ってください。まだ、ありますよ。」

と、柳生弁護士が引き止める。

「何でしょうか。」

「ひとつ心配があります。スピード違反（制限速度違反）の点です。誠一君の車の速度は約六〇キロのオーバーですからね。通常なら起訴されて罰金になる速度です。過失運転致傷罪を不起訴にしても、その一部を取り出してスピード違反だけで起訴することは理論的には可能です。ただ、起訴するとなると、誠一君が時速約一四〇キロで走行していたことを検察官が立証する必要があります。その関係の証拠はどのようになっていますか。」

と、柳生弁護士が質問した。

すると、夙川弁護士は、

「誠一さんが制限速度をオーバーしていることには気付いていたようですが、どのくらいの速度で走っていたか、正確なことは分からないと言っています。誠一さんが刑事さんから聞いた話ですが、パトカーの警察官は、時速約一三〇キロで追尾中に誠一さんの車が加速したので、事故時には時速一四〇キロ以上出ていたと供述しているそうです。」

　と、答えた。

「そうすると、警察官の供述は、誠一君の車の速度が時速約一三〇キロ出ていたことを立証できますが、時速約一四〇キロ以上出ていたことを立証する証拠としては少し弱いですね。ただ、それ以外に証拠はあると思いますよ。」

「どのような証拠でしょうか。」

　と、夙川弁護士が訊ねた。

「誠一君の車はドライブレコーダーを搭載しているでしょう。その記録から事故時の走行速度を認定することもできると思いますよ。ただ、刑事裁判では厳格な証明が要求されていますので、仮にレコーダーの記録の信用性が否定されれば、証拠として採用されないことになります。検察がこの点をどのように考えているのか分かりませんが、最近では、スピード違反に対しては、警察も検察も厳しい態度で臨んでいるようですから、安心はできませんね。とにかく肝心なことは示談ができるかどうかですよ。」

　と、柳生弁護士が今後の弁護方針を示した。

「示談交渉中ですので、早く成立するよう頑張ります。」

　そう言って夙川弁護士が退室した。

示談交渉

早速、夙川弁護士は被害者との示談交渉を進めた。

被害車両はドイツ製の高級車で、後部のバンパーなどが大きく凹んだため、修繕費用が予想以上にかかったなどとして、被害者は、精神的な損害も含め、三〇〇万円の支払を要求してきた。

被害者の請求は過大とはいえ、早期に示談を成立させるためには、この際被害者の要求を受け入れるしかないと考えた夙川弁護士は、誠一君の父親に会い、事の経緯を説明して説得に努め、示談金三〇〇万円を支払うことで、ようやく示談にこぎつけた。

併行して夙川弁護士は、今回の事故当時と同じ時間帯に車で現場付近の道路を走行して見ると、交通量も少なく、路面も平坦で、カーブの曲がりは少なかったので、仮に速度が時速一四〇キロであってもカーブに沿って想定どおりの走行ができそうな道路状況だった（注4）。単に速度だけで危険運転行為による事故だとは即断できないと思われた。

陳情

今回の事件は、地検交通部の麻木高男検事に配点（事件を担当検察官に割り当てること）されていた。

夙川弁護士は、麻木検事と面談し、自ら調査した事故現場の道路状況などから進行を制御することが困難な高速度での走行とは認められない旨上申した。検事は言葉を濁したが、その口振りからすると、夙川弁護士と同じように考えているようだった。

良い感触を得た夙川弁護士は本題に入った。

「実は、被害者の車はドイツ製の高級車だったこともあって、被害者は三〇〇万円の損害を請求してきました。請求額は高かったのですが、請求額通りの金額で示談しました。情状として十分考慮していただき、不起訴処分にしていただけませんか。」

と陳情した。

「ご要望の点はよく検討させてもらいます。」

と、麻木検事は言った。

処分

一か月後、麻木検事から夙川弁護士に電話が入った。

「今回の事件は、過失運転致傷罪に認定替えし、起訴猶予処分にしました。」

「スピード違反の点は、どのようになるのでしょうか。」

「検討しましたが、今回に限り立件しないことにしました。」

検事の口ぶりからすると、スピード違反の起訴を考えていたようだ。

「ありがとうございます。」と、夙川弁護士は、頭を下げながら受話器を置き、早速、福島親子に、不起訴になったことを伝えた。

翌日、夙川弁護士は、柳生弁護士の執務室を訪ね、「誠一さんは不起訴になりました。」と報告した。

「スピード違反の点はどうなりましたか。」

と、柳生弁護士が訊ねた。

「検事は起訴したかったようでしたが、立件しなかったそうです。」

「そうですか。追尾パトカーの警察官の供述だけでなく、ドライブレコーダーの記録があれば、起訴することもできるからね。実際は起訴決裁が下りなかった、そんなことだったのでしょう。まあ、決裁官によっては、今回のような事件について、スピード違反の事実を立件して起訴させたかもしれませんが、どちらの判断をするべきかは悩ましいところですね。とにかく、夙川さん、ご苦労様でした。」

そう言って、柳生弁護士は夙川弁護士を労った。

（注1）第三条は、第一項で「アルコール又は薬物の影響により、その走行中に正常な運転に支障が生じるおそれがある状態で、自動車を運転し、よって、そのアルコール又は薬物の影響により正常な運転が困難な状態に陥り、人を負傷させた者は一二年以下の懲役に処し、人を死亡させた者は一五年以下の懲役に処する。」とし、第二項で「自動車の運転に支障を及ぼすおそれがある病気として政令で定めるものの影響により、その走行中に正常な運転に支障が生じるおそれがある状態で、自動車を運転し、よって、その病気の影響により正常な運転が困難な状態に陥り、人を死傷させた者も、前項と同様とする。」と規定する。

（注2）前田雅英編集代表『条解刑法〔第四版〕』（二〇二〇年、弘文堂）八六九頁、東京高裁平成二二年一二月一〇日判決・判例タイムズ一三七五号二四六頁、千葉地裁平成二八年一月二一日判決・判例時報二三一七号一三八頁参照。

（注3）名古屋高裁令和三年二月一二日判決・判例時報二五一〇号八一頁は、被告人が夜間に高級外車

を運転して上り線と下り線が中央分離帯で区切られた片側三車線の直線道路（国道二三号、法定最高速度・時速六〇キロメートル）の第三車線を時速約一四六キロメートルで進行中、左方道路沿いの駐車場から中央分離帯の切れ目部分（開口部）に向かって左から右に横断してきたタクシーの右側面に自車前部を衝突させ、被害車両の運転手一名、乗客四名中三名を死亡させ、一名に加療期間不詳の傷害を負わせた事案について、「自車の進行を制御できず」とは、被告人が自車の動きをコントロールできなくなったこと、すなわち、自車を進路から逸脱させたこと（タイヤと路面の摩擦力の低下又は喪失により運転者の意図とは関係なく車両が横滑りや滑走して想定進路から外れること）を意味するものと解されるところ、被告人車両が衝突に至るまでの間に自車の進路から逸脱したとはいえず、衝突時の被告人車両の速度、被告人車両の構造・性能、本件道路の状況などを踏まえてみても、時速約一四六キロメートルの高速度で自車を進行させた被告人の行為が、法二条二号の「その進行を制御することが困難な高速度で自動車を走行させる行為」に該当するとはいい難いとし、危険運転致死傷罪の成立を否定し、予備的訴因の過失運転致死傷罪を認定した。

なお、「進行を制御することが困難な高速度」かどうかの判断要素の一つである「道路状況」については、駐車車両の存在が含まれるが、他の走行車両や歩行者の存在を含まないと解されている（永井善之「刑事判例批評（426）」刑事法ジャーナル六九号（二〇二一年）二七三頁以下参照）。

また、危険運転致死傷罪をめぐる諸問題については、城祐一郎『ケーススタディ危険運転致死傷罪［第三版］』（二〇二二年、東京法令出版）、刑事法ジャーナル六〇号（二〇一九年）の特集記事を参照されたい。

（注4）本件事故について、湾曲した道路の旋回限界速度（自動車がカーブに沿って想定通り走行できる最高速度をいう）の鑑定が実施されたかどうか明らかでないが、旋回限界速度を超えて自動車を走行させると、車輪が遠心力により横滑り等を起こし、運転が制御不能になることが予想されることから、旋回限界速度を超えて走行した事案については、基本的には「進行を制御するのが困難な高速度での走行」と認められることになる。

組織犯罪処罰法違反

「業者の災難」

ノミ屋

「先生、ちょっと刑事事件の相談に乗っていただきたいのですが……。」

と、中山弁護士が柳生弁護士に切り出した。

「私の顧問先に『クリーン清掃』というビル・マンション清掃業者があります。先日、梅田三郎社長が警察に逮捕され、組織犯罪処罰法違反容疑で送検されたのです。昨日、梅田社長から弁護を依頼され、詳しい事件内容を聞いたところです。」

「清掃業者の組織犯罪処罰法違反というのは珍しいですね。具体的な容疑は何ですか？」

「二年前から、クリーン清掃は、ＸＹビル一階の事務所の室内清掃を受注して、月一回の清掃作業を行っていたのですが、その事務所で、暴力団関係者が客にヤミ馬券を売っていたそうです。そのことが警察に発覚したんです。」

と、中山弁護士が説明した。

「いわゆるノミ行為が行われていたのですね。」

「そうです。」

「ＸＹビルはどこにあるのですか。」

「大阪市内の北新地にほど近いところだと聞いています。先生もご存じの通り、警察が暴力団の取締りを強化している地域です。」

「それで警察の捜査はどうなったんですか。」

と、柳生弁護士が先を促した。

「先月、警察は、ノミ行為を禁止する競馬法違反[注1]容疑で、ＸＹビル一階の事務所を捜索して、ノミ屋の暴力団関係者数人を逮捕したのです。既に競馬法違反で起訴された者がいると聞いています。」

「よくあることだね」と、柳生弁護士。

中山弁護士の説明が続く。

「それだけで済めばよかったのですが、間が悪いことに、毎月、ノミ屋の売上金からクリーン清掃に清掃料金が支払われていたのです。それを示すメモなどが押収されてしまったそうです。」

「それは仕方がないですね。それで梅田社長が警察の事情聴取を受けたという訳ですね。」

「そうです。警察は、梅田社長が暴力団関係者から清掃料金を毎月受け取っていた以上、その行為は犯罪収益等収受罪に該当するので、梅田社長を送検したという訳です。」

「梅田社長もえらい災難ですね。」

柳生弁護士も些か同情したい気分になった。

「ところで、クリーン清掃というのは会社、それとも個人業者ですか。」

「従業員五人の個人業者です。清掃作業は従業員にやらせて、梅田社長が営業や集金業務を一人でやっているそうです。」

「社長は事務所でノミ行為が行われていたことを知っていたのですか。」

「知らなかったと言っています。従業員もノミ行為が行われていない時間帯に事務所の清掃をしていたそうです。」

「それじゃあ、警察はどう見てるのですか。」

「知っていたはずだというのです。」

「そう言うでしょうね。えぇっと、犯罪収益等収受罪は……何条だったかね。」

と言いながら、柳生弁護士は、六法全書で、「組織的な犯罪の処罰及び犯罪収益の規制等に関する法律」（組織犯罪処罰法）の関係条文を確認し始めた。

関係条文

組織犯罪処罰法第一一条（犯罪収益等収受）

「情を知って、犯罪収益等を収受した者は、三年以下の懲役若しくは一〇〇万円以下の罰金に処し、又はこれを併科する。ただし、法令上の義務の履行として提供されたものを収受した者又は契約（債権者において相当の財産上の利益を提供すべきものに限る。）の時に当該契約に係る債務の履行が犯罪収益等によって行われることの情を知らないでした当該契約に係る債務の履行として提供されたものを収受した者は、この限りでない。」

情を知って

「何度読んでも、ややこしい条文だ。今回の清掃契約は、債権者において相当の財産上の利益を提供すべきものに該当し、清掃料金は清掃契約に係る債務の履行として提供されたものになるから、問題は、契約時に『情を知って』いたかどうかだね。」

と、柳生弁護士は、考えを巡らしながら呟き、暫し間を置き、再び話し始めた。

「今回の事件では、前提犯罪がノミ行為という競馬法違反なので、その犯罪によって得た財産を収受したといえるには、梅田社長が、清掃業務の契約時に、清掃料をノミ行為によって得た財産、つまり売上金で支払われることを認識していたかどうかによるでしょうね。」

「どの程度まで認識することが必要なのですか。」

と、中山弁護士は不安げに訊ねる。

「そうですね。この認識は、必ずしも確定的なものである必要はありません。未必的な認識で足りると解されています。具体的にノミ行為の売上金から支払われることが確実に分かっていた場合でなくてもよいのです。契約時の種々の状況から、どうもその可能性が高そうだと思っている場合にも成立するでしょうね。」

「先生、理屈としてはよく分かります。ただ、先ほどから話していますが、梅田社長は事務所でノミ行為が行われていることは知らなかったと言っています。ですから、梅田社長には、清掃契約時に、ヤミ馬券の売上金で清掃料金が支払われるという認識はなかったといえるのではないでしょうか。」

「そのように弁護することもできるとは思いますが、事実関係如何ですね。」

「先生、具体的に教えていただけませんか。」

柳生弁護士は、参考人から事情聴取するかのような感じで話し始めた。

「分かりました。では契約時の事実関係を確認しておきましょうか。契約内容はどうなっていたのですか。梅田社長は、どこで誰と契約したのですか、まずは、その辺のことを知りたいですね。」

「二年ほど前に、米田と名乗る人から電話があったので、直ぐに梅田社長がＸＹビル一階の事務所に行き、その場で米田さんと契約書を取り交わしたそうです。契約期間は一年、清掃作業は毎月始めに一回、料金は一回当たり二万円、支払は月末との約束だったそうです。一年前に仕事ぶりが良いので、同じ条件で契約を更新してもらったそうです。」

と、中山弁護士が答えた。

「支払は現金払だったのですか。実際、誰から受け取っていたんですか。」

「毎月末、指定された時間に梅田社長が事務所に行き、米田さんから現金で清掃料を受け取っていたと言っていました。」

「米田さんは、どんな風体というか、感じの人だったんですか。」

「梅田社長の話では、言葉遣いも荒く、厳つい顔で黒い背広を着ていたそうです。見るからに暴力団員風だったそうです。」

「そうですか。梅田社長が毎月事務所で集金していたとなると、社長は、その都度、事務所の中の様子を見ていたことになりますね。」

「梅田社長が言うには、何せ事務所の入口には監視カメラがあって、何か異様な感じがしたそうです。」

「シケ張りもいたんでしょうね。」

と、柳生弁護士の質問が核心に触れる。

「シケ張りですか？」

中山弁護士は怪訝な顔をした。

「見張りのことですよ。」

「入口にはそれらしい人がいたそうです。その人がＯＫしないと中に入れなかったと、梅田社長が言っていました。」

「事務所の中の様子は？」と、柳生弁護士が訊ねた。

「梅田社長に確認したのですが、事務所にはテレビカメラが一〇台以上一列に並んで設置されていたし、部屋の壁には、スポーツ新聞の競馬レースの予想記事が何紙も張られていたそうです。そうそう、部屋には簡単な食事ができるスペースもあったと言っていましたね。社長も契約時にはそれほど意識をしていなかったそうですが、事務所への集金を重ねるうちに変に思っていたようです。」

「まあ、そういうことだったのでしょうね。事務所の中で、ヤミ馬券の申込みメモなども目にすることもあったでしょうね。最後まで情を知らなかったという弁解は認められないだろうね。当初の契約時に情を知らなかったとしても一年後の更新時には梅田社長も情を知っていたというのが常識ではないかと思いますよ。」

「そうですね。そのことを前提にして弁護方針を考えることにします。」

「ただ、今回の事件の場合、梅田社長の収受行為のすべてについて犯罪が成立するものではないと思いますよ。」

「どういうことですか。」と、中山弁護士が訊ねた。

「法第一一条ただし書では、債権者（犯罪収益等の収受者）において、契約時に債務の履行が犯罪収益等によってなされることの情を知らなかった場合は、たとえ債務の履行時にその情を知って犯罪収益等を収受しても、その収受行為については犯罪は成立せず、処罰しないとされています。ですから、梅田社長の場合、当初の契約時には情を知らなかったのですから、たとえ債務の履行時、つまり毎月の集金時に情を知っていたとしても、当初契約による収受行為については、処罰されないことになるのです。問題は、契約更新後の収受行為です。継続的な契約の更新といっても、一定の条件で契約更新の効力が生じる場合などは、契約更新時に情を知っていても、更新後の収受行為については犯罪が成立しないという見解(注2)もありますが、梅田社長は契約更新時に情を知って新たに契約を締結しているので、ただし書は適用されないと思います。結局、契約更新後の収受行為のみで処罰されることになりますので、収受した犯罪収益は、二年分ではなく、一年分にとどまります。この点を担当検事によく説明し、起訴猶予にしてもらえるよう陳情すると良いでしょう。」

と、柳生弁護士がアドバイスした。

「よく分かりました。早速、担当検事とアポイントメントを取ります。」

ようやく中山弁護士の顔に安堵の色が見えた。

数日後、中山弁護士が柳生弁護士の執務室に飛び込んで来た。

「先生、梅田社長が不起訴（起訴猶予）になりました。」

「そりゃあ良かった。中山先生も努力の甲斐がありましたね。」

（注1）競馬法第三〇条第三号は、中央競馬、地方競馬又は日本中央競馬会等が勝馬投票券を発売する海外の競走に関し、勝馬投票類似の行為をさせて財産上の利益を図った者は五年以下の懲役又は五〇〇万円以下の罰金に処すると規定している。

（注2）加藤俊治編著『組織的犯罪処罰法ハンドブック』（二〇一九年　立花書房）九一頁以下参照。

官製談合防止法違反、公契約関係競売等妨害等

「官製談合」

入札業者の逮捕・勾留

朝早く、中山弁護士が柳生弁護士の執務室に顔を出した。

「『城山興業』という会社の開発部長の西郷高広さんが、天保山市の振興局長と一緒に逮捕されて現在勾留中なのです。事件は天保山市の土地賃貸事業の入札に絡んだものですが、私が西郷部長の弁護人を引き受け(注1)、西郷部長と接見して話を聞いた上で、城山興業の役員と面接したのですが、西郷部長も城山興業も、今後の捜査や刑事処分がどのようになるのか分からず、とても心配しています。先生に、事件の見通しを教えていただきたいのです。」

と、中山弁護士が言った。

「分かりましたが、罪名は何ですか？」

「官製談合防止法違反、公契約関係入札妨害、贈賄です。」

「それは大変だなあ。具体的な容疑はどうなっていますか。」

と、柳生弁護士が訊ねる。

「二年ほど前、天保山市が、市の開発計画に基づき、市有地約一〇〇〇坪の賃貸事業を行うため、一般競争入札で賃借業者を公募することになったのです。城山興業としては、この土地を賃借し、大型ショッピングモールを建設するため、市の入札に参加したのです。幸い、城山興業が落札できたのですが、その入札に際し、西郷部長が、市の振興局長に入札情報を教えてもらった謝礼として現金五万円を贈賄していたというのです。詳しい事実はここに書いてあるとおりです。」

と言って、中山弁護士が勾留状謄本の写しを机の上に置いた。

「どれどれ、なるほど」と呟きながら、柳生弁護士は勾留事実に目を通し始めた。

勾留事実

通常、勾留事実は一文で記載される。

そのまま引用すると、次のようなものだった。

「被疑者西郷高広は、城山興業の開発部長であるが
1　天保山市の一般競争入札の予定価格の決定等に関する事務を統括する同市振興局長大久保泰三と共謀の上、同市所有の天保山東地区用地賃貸事業の契約を締結するための入札に関し、大久保局長が、職務に反し、城山興業に他の入札参加者の入札予定額を推知させて同事業を落札させようと企て、令和二年五月ころ、大久保局長が電話で、被疑者西郷に「城山興業と同額の入札保証金を納付した会社がある」旨の情報を教示して他社の入札予定額を推知させて、同年六月一五日、同賃貸事業における賃借人となる契約上の地位を城山興業に落札させ、もって、偽計を用いるとともに入札に関する秘密を教示することにより、公の入札の公正を害すべき行為をし
2　同年六月下旬、同市内の喫茶店において、大久保局長に対し、前記1の情報を教えてもらい右賃貸事業を落札できた謝礼として現金五万円の賄賂を供与したものである。」

関係条文

柳生弁護士は勾留事実の写しを見ながら、

「1の事実が、刑法第九六条の六第一項の公契約関係入札妨害と官製談合防止法第八条違反、つまり職員との共謀による偽計入札妨害と官製談合だね、2の事実が刑法第一九八条の贈賄ということでしょう。」

と、言った。

刑法第九六条の六第一項（公契約関係競売等妨害）

「偽計又は威力を用いて、公の競売又は入札で契約を締結するためのものの公正を害すべき行為をした者は、三年以下の懲役若しくは二五〇万円以下の罰金に処し、又はこれを併科する。」

入札談合等関与行為の排除及び防止並びに職員による入札等の公正を害すべき行為の処罰に関する法律（官製談合防止法）第八条

「職員が、その所属する国等が入札等により行う売買、賃貸、請負その他の契約の締結に関し、その職務に反し、事業者その他の者に談合を唆すこと、事業者その他の者に予定価格その他の入札等に関する秘密を教示すること又はその他の方法により、当該入札等の公正を害すべき行為を行ったときは、五年以下の懲役又は二五〇万円以下の罰金に処する。」

事件の見通し

柳生弁護士は、

「結論を先に言えば、おそらく西郷部長は贈賄で罰金になると思うが、1の事実はどうかなあ。検察は起訴するのが難しいように思うよ。」

と、おおよその見通しを述べた。

「勾留事実を読んだだけで、そんなことまで分かるのですか。」

中山弁護士が感心しながらも、急に明るい表情を見せた。

「先生の見通し通りになれば、西郷部長は勿論ですが、城山興業も安心すると思います。実は、天保山市の入札実施要綱によると、『入札を妨害した者が落札した場合には、その入札は無効とする』とされています。もし、西郷部長が公契約関係入札妨害や官製談合防止法違反で起訴されると、入札が無効になってしまいます。そうなれば、市から賃借した土地の返還を求められるため、城山興業は今月完成したばかりのショッピングモールを取り壊さなければなりません。それが回避できれば、万々歳だと思います。」

「そうだったのですか。」

「事件の見通しは分かりましたが、その根拠について、私にも分かるように説明してくれませんか」と、中山弁護士が教えを請う。

犯罪の成否

柳生弁護士は事実関係の確認から始めた。

「その前に、二、三点確認させてください。まず、勾留事実によると、城山興業と同額の入札保証金を納付した会社がある旨教示することが入札予定額を推知させることになるのはどうしてか教えてくれませんか。」

「天保山市の入札実施要綱では、入札参加者は、入札前に、入札予定額の五パーセントの金額を入札保証金として予め納付することになっています。例えば、最大八〇〇〇万円の金額で入札しようと思えば、その五パーセントに当たる四〇〇万円を入札保証金として納付することになります。入札参加者の具体的な入札保証金の納付金額が分かれば入札予定額の限度額が分かることになります。」

「なるほど、それが入札予定額の推知ということですか。」

「そのほかにご質問はありますか？」

と、中山弁護士が先を促した。

「西郷部長は大久保局長に予定価格とか他の入札参加者の入札予定金額を内緒で聞き出そうとしていたという事実がありましたか。」

と、柳生弁護士が核心を突く質問をした。

「西郷部長は、そのようなことはなかったと言っています。それに、大久保局長は、業界内では業者にしばしば接待などを要求することで有名だったそうです。西郷部長も、こちらから頼まないのに、大久保局長がライバル会社の入札保証金のこと教えてくれたのは、賄賂を暗に要求するためのものとしか考えられなかった、と言っています。」

「それなら、西郷部長には公契約関係入札妨害は成立しないでしょう。この罪に問うには、偽計、つまり謀略手段を用いることが必要とされています。例えば入札担当者が密かに入札参加者に予定価格を教えるとか、入札参加者が入札担当者に密かに入札予定価格の教示を依頼するとか、そういった行為がないと成立しません。大久保局長は偽計を用いたといえますが、今、中山君から説明を聞いた範囲で言うと、西郷部長にはそれがないでしょう。」

「なるほど、よく分かりました。」

柳生弁護士は、会社の上層部の関与の有無が気になり、

「西郷部長は賄賂の現金をどこから工面したのですか。」

と、訊ねた。

「近隣対策費から捻出したとのことです。西郷部長が専決できる金額だったと聞いていま
す」

「領収書なしで処理できた訳ですね。」

「そのようです。」

「それなら、上にはいかないなあ。」

と、柳生弁護士は呟き、会社上層部が検挙される可能性が低いと思った。

共謀の有無

「官製談合法防止法違反の点はどうなるのですか。」

と、中山弁護士が質問した。

柳生弁護士は、六法全書を繰りながら解説を始めた。

「まず、官製談合防止法第八条は公共工事等を発注する側の職員が談合等関与行為をすれば処罰する規定です。つまり、入札等による契約の締結に関し、職員が、その職務に反し、①談合をそそのかすこと、②入札等の秘密情報を教えること、又は、③これ以外の入札等

の公正を害する行為のいずれかの行為をすれば、談合等関与行為に該当し、処罰されることになる。だから、基本的には、職務違反行為をした職員側の責任を問うものであって、当該入札の入札参加業者を処罰するものではないのですよ。(注2)」

「基本的なことは分かりましたが、もう少し具体的な事例で説明していただけませんか。」

「例えば、入札担当の職員が、暗に賄賂を要求するつもりで、入札参加業者に一方的に入札予定価格を耳打ちして教えたからといって、直ちにそれだけでその業者が共犯として処罰されることはないのです。今回の事件などはその典型だと思いますよ。」

「なるほど、では、西郷部長が共犯として処罰されるケースはどのような場合ですか。」

と、中山弁護士が質問した。

柳生弁護士は明快に答える。

「大久保局長との共謀が認められる場合ですね。例えば、二人が城山興業に落札させるための話合いをし、①ないし③のいずれかの行為をすることを決め、それを実行に移せば共謀があったとされるでしょうね。(注3)」

「分かりました。明日にも、西郷部長と接見し、事件の見通しを伝え、安心させてあげます。」

そう言って、中山弁護士は安堵した表情を見せた。

「それも必要だが、地検の担当検事に私の意見を参考にして上申書を作成して提出しておくと良いでしょう。」

と、柳生弁護士が念を押した。

起訴

勾留満了日に、西郷部長は贈賄罪だけで略式起訴された。その日のうちに、裁判所から罰金五〇万円の略式命令が発付された。直ぐに西郷部長は罰金を仮納付し、釈放された。

一方、大久保局長は、公契約関係入札妨害、官製談合防止法違反、加重収賄[注4]の罪で正式起訴（公判請求）された。

（注1） 仮に、中山弁護士が城山興業と顧問契約を締結している場合、城山興業と西郷部長の利害が衝突する可能性も否定できず、特に、刑事弁護の初期段階では事件の見通しが立たないことも多いため、中山弁護士としては、弁護士倫理上、西郷部長の弁護人を引き受けるかどうか慎重に検討する必要があるだろう。

（注2）官製談合防止法第八条は、基本的に発注機関（国、地方公共団体又は特定法人）の職員の職務義務違反行為を処罰の対象としている。それは、いわば公務員の背任といえるので、法定刑の上限も背任罪と同じとされている。

（注3）裁判例として大阪地裁令和元年九月五日判決・裁判所ウェブリイトがある。

電気工事の施工請負業者が、市発注の電気工事の設計、積算等を担当する工務課の職員に対し、市発注の電気工事計二九件の各制限付一般競争入札に先立ち、各入札における秘密事項であって、最低制限価格帯算出の根拠となる各直接工事費等の教示を依頼し、当該職員から前記各直接工事費等の教示を受けた事案につき、当該業者は、職員との共謀による官製談合防止法違反と公契約関係競売入札妨害の罪で有罪となっている。

（注4）加重収賄の罪は刑法一九七条の三第一項、第二項に規定する。

第一項は「公務員が前二条の罪を犯し、よって不正な行為をし、又は相当の行為をしなかったときは、一年以上の有期懲役に処する。」とし、第二項は「公務員が、その職務上不正な行為をしたこと又は相当の行為をしなかったことに関し、賄賂を収受し、若しくはその要求若しくは約束をし、又は第三者にこれを供与させ、若しくはその供与の要求若しくは約束をしたときも、前項と同様とする。」と規定する。本件の大久保局長は第二項の加重収賄の罪が適用される。

労働基準法
「セクハラ」

社員のセクハラ

ある日、地裁での労働審判での陳述を終え、淀屋総合法律事務所に戻った堀山弁護士は、浪花商事の浪花社長からの電話に出た。

「先生、うちの社員のセクハラ問題で大変困っています。明日でもご相談に乗っていただけないでしょうか。」

と、浪花社長が訴えた。

浪花商事は、年商五〇億円、従業員一〇〇人の中小企業。大阪では歴史ある食品の卸売専業商社だ。最近、堀山弁護士と顧問契約を結んだばかりだ。

「実は、営業の女性社員が机を並べている同僚の男性社員からセクハラを受けたと、私に訴えがあったのですが、私の対応がまずかったために、双方の弁護士から、会社宛てに通知書が来る事態に発展してしまったのです。その上、両者の言い分が全く異なるため、会社としては板挟みの状況です。今までセクハラ防止のために何もしていない会社ですから、今後、どのように対応したらよいのか全く分からず、困っています。」

「概要は分かりましたので、明日、事務所で詳しい話をお聞きして対応を考えましょう。」

と言って、堀山弁護士は電話を切った。

事務所応接室

「女性社員から、社長に、セクハラ、正確にいうとセクシュアルハラスメントですが、申告があったのは、いつですか。」

と、堀山弁護士が訊ねた。

「六か月前です。社長宛の社内メールで『最近、同僚の大山敏明さんが私にしつこく言い寄って来て困っています。食事に誘う社内メールが頻繁に来るのです。悪質なセクハラです。早急に適切な対処をお願いします。中川恵』という申告でした。」

と、浪花社長が説明した。


「セクハラ」

「男性社員から女性社員宛の社内メールですが、社長は、女性社員から提出させて内容を確認しましたか。」

「いいえ、そこまで頭に浮かびませんでした。男性が女性に言い寄ることはよくある話だと思っていたからです。私の妻は、先代社長の秘書をしていた女性社員です。私が彼女に猛烈にアタックした結果、ようやく結婚にこぎ着けたのです。そんなこともあって、女性社員の申告を大した問題ではないと軽く考えてしまったのです。」

「それで、どのように対処されたのですか。」

「翌日、大山を社長室に呼び、『あんまりしつこいと嫌われるぞ』と冗談っぽく注意しただけです。それが不味かったですかね。」

と、浪花社長が頭をかく。

「明らかに初動の対応のミスですね。その後どうなりましたか。」

と、堀山弁護士が訊ねた。

代理人弁護士の通知書

「大山に注意したので、それで済んだものと思っていたのですが、二週間後に、女性社員の代理人弁護士から会社宛に内容証明で通知書が届いたのです。それと前後して、大山が女性社員に宛てた社内メールのコピーが弁護士から送付されてきました。」

と、言って、浪花社長は堀山弁護士に通知書とメールのコピーを見せた。

メールは一〇通を超えていた。

「中川さん、今晩、Yホテルのレストランで一緒に夕食を食べませんか。ホテルのロビーで午後七時で待っています。」、「昨日、食事を誘ったのに、約束の時間に来てくれませんでしたね。週末の金曜日はどうですか。」、「どうして私と食事をご一緒してもらえないのですか。またお誘いします。」など、執拗に食事を誘うメールだった。

通知書には、

「貴社社員の大山氏の行為はセクハラに当たる重大な違法行為であるから、直ちに厳しい懲戒処分を行うなど、然るべき対応を取られたい。」

と記されていた。

退職勧奨

「社長は、通知書を受け取って、どのような対応をされたのですか。」

「セクハラ」

と、堀山弁護士が訊いた。

「私は、大変な事態になったと思い、急いで、大山を社長室に呼び出しました。大山には『中川さんに宛てたメールを読んだよ。中川さんの弁護士から、セクハラ行為になるので厳しい懲戒処分をするよう通知書が届いている。まあ、君もまだ若いんだから、他の道も探したら良いと思う。五日以内に、会社を辞めるかどうか結論を出してほしい』と、言い渡しました。」と、浪花社長が答えた。

「社長も拙速なことことをされましたね。それで、男性社員は結論を出してきたのですか。」と、堀山弁護士が訊ねた。

「先生、それがですね。驚いたことに、三日後に、大山の代理人弁護士から会社宛に内容証明で通知書が届いたのです。これがこの通知書です。」と言って、浪花社長が通知書を差し出した。

通知書には、

「大山氏の行為はセクハラには当たらず、懲戒処分することは認められないし、大山氏に対する退職勧奨も違法である。女性からのセクハラ被害の申告は事実を誇張したもので極めて不当である。」

と記されていた。

助言

一連の経緯を確認した堀山弁護士は、浪花社長に職場のセクハラについて噛みくだいて説明を始めた。

「まず、職場のセクハラの定義を明確にしておきましょう。要するに、セクハラとは、職場で労働者に意に反する性的な言動が行われ、それに対する対応によって、その労働者が労働条件について不利益を受けたり、就業環境が害されることをいうのです。(注1) 性的な言動とは、性的な内容の発言や性的な行動のことをいいます。(注2)」

「先生、女性の体に触ったりすることなどが性的な行動だと私にも分かりますが、性的な内容の発言とは具体的にどのような発言をいうのでしょうか。」

「例えば、①性的な事実関係を尋ねる、②性的な内容の噂を流す、③性的な冗談を言う、④執拗に食事やデートに誘う、⑤個人的な性的体験談を話すなどの発言です。」

するとと、浪花社長が、

「なるほど、女性社員が食事に誘われるのを嫌がっているのに、男性社員がメールで執拗に食事に誘うことは、セクハラになる訳ですね。先生、パワハラ（パワーハラスメント(注3)）

にもなりませんか。」と、質問した。

「いやいや、パワハラには該当しません。男性社員は、女性社員の先輩ですが、同僚です。上司でもなく、人事権を行使し得る立場にありません。メールの内容も、優越的な地位を用いた文面がないので、パワハラにはならないと思います。」

「良く分かりました。」

「本来ならば、セクハラの申告があった時点で、社内調査を行い、社員双方からヒアリングして言い分を聞いた上で適切に対処しなければならなかった訳ですよ。今となっては、問題解決のために思い切った方法を取るしかないように思います。」

と堀山弁護士が言った。

「何か良い方法はありませんか。」と、浪花社長が訊ねた。

対処方針

「まずは、私が会社の代理人弁護士として社員二人からヒアリングする必要がありますね。その上で、社員の弁護士と交渉するしかありませんね。そして会社と社員二人の三者合意ができれば良いのですが……。」

「先生、すべてお任せしますので、よろしくお願いします。」

「承知しました。ただ、予め社長にこれからお話しする対処方針について了解してもらう必要があります。」

そう言って堀山弁護士が次のような対処方針を示した。
① 男性社員に対する退職勧告[注4]は撤回すること
② 男性社員にセクハラの事実を認めさせ、女性社員に謝罪させること。それを条件に、女性社員に対する慰謝料については会社が負担すること
③ 会社は女性社員のセクハラ申告に対して適切に対応しなかったことを謝罪し、解決金を支払うこと（ただし解決金には男性社員が支払う慰謝料が含まれる）[注5]
④ 男性社員に対し適切な懲戒処分を行うとともに他の部署に異動させること
⑤ 再発防止のために弁護士によるセクハラ・パワハラ研修を毎年実施し、内部通報窓口を強化し、窓口は弁護士に担当させること
浪花社長は、「すべて了解しました。先生、よろしくお願いします。」と言って、頭を下げた。

三者合意

堀山弁護士は、社員二人からそれぞれの代理人弁護士の了解を得てヒアリングをした上、各代理人弁護士に会社の対処方針を伝え、和解の打診をした。

解決金については、女性社員の弁護士から一〇〇万円の提示があった。一〇〇万円には男性社員が支払う慰謝料を含めることを条件にその金額で合意した。

男性社員の弁護士も、セクハラの事実を認めた上で、解決金に男性社員が支払う慰謝料を含め、会社が全額支払うことを条件に和解に合意した。

そして、堀山弁護士は、社員双方の弁護士と合意書案をやり取りして、会社の対処方針を反映した合意書を取りまとめた。

浪花商事は、社内の懲戒委員会を開き、男性社員を訓告処分とし、本人の同意の上、翌月に部署異動を行った。

（注1） 男女雇用機会均等法第一一条は、職場における性的な言動に起因する問題に関し、事業主の雇

用管理上の措置について定めている。

　第一項で、「事業主は、職場において行われる性的な言動に対するその雇用する労働者の対応により当該労働者が労働条件について不利益を受け、又は当該性的な言動により当該労働者の就業環境が害されることがないよう、当該労働者からの相談に応じ、適切に対応するために必要な体制の整備その他の雇用管理上必要な措置を講じなければならない。」と、第二項で、「事業主は、労働者が前項の相談を行ったこと又は事業主による当該相談への対応に協力した際に事実を述べたことを理由として、当該労働者に対して解雇その他不利益な取扱いをしてはならない。」と、第三項で「事業主は、他の事業主から当該事業主の講ずる第一項の措置の実施に関し必要な協力を求められた場合には、これに応ずるように努めなければならない。」と規定する。

（注2）「性的な言動」とは、性的な内容の発言及び性的な行動を指し、「性的な内容の発言」には、性的な事実関係を尋ねること、性的な内容の情報を意図的に流布すること等が、「性的な行動」には、性的な関係を強要すること、必要なく身体に触ること、わいせつな図画を配布すること等が、それぞれ含まれる。このような言動を行う者には、労働者を雇用する事業主（その者が法人である場合にあってはその役員）、上司、同僚に限らず、取引先等の他の事業主又はその雇用する労働者、顧客、患者又はその家族、学校における生徒等もなり得る（令和二年厚生労働省告示第六号参照）。

（注3）労働施策総合推進法第三〇条の二第一項は、「事業主は、職場において行われる優越的な関係を背景とした言動であって、業務上必要かつ相当な範囲を超えたものによりその雇用する労働

者の就業環境が害されることのないよう、当該労働者からの相談に応じ、適切に対応するために必要な体制の整備その他の雇用管理上必要な措置を講じなければならない。」と規定し、職場でのパワハラを防止するための対策を事業主に義務付け、第二項は「事業主は、労働者が前項の相談を行ったこと又は事業主による当該相談への対応に協力した際に事実を述べたことを理由として、当該労働者に対して解雇その他不利益な取扱いをしてはならない。」と規定する。

要するに、職場におけるパワハラとは、職場において行われる①優越的な関係を背景とした言動であって、②業務上必要かつ相当な範囲を超えたものにより、③労働者の就業環境が害されるものであって、①から③までの要素をすべて満たすものをいうが、客観的にみて、業務上必要かつ相当な範囲で行われる適正な業務指示や指導については該当しない。

優越的な関係を背景として行われたものであることを前提とし、パワハラに該当する代表的な言動の類型として次の六類型がある。

① 身体的な攻撃（暴行・傷害）
② 精神的な攻撃（脅迫・名誉棄損・侮辱・ひどい暴言）
③ 人間関係からの切り離し（隔離・仲間外し・無視）
④ 過大な要求（業務上明らかに不要なことや遂行不可能なことの強制・仕事の妨害）
⑤ 過小な要求（業務上の合理性なく能力や経験とかけ離れた程度の低い仕事を命じることや仕事を与えないこと）
⑥ 個の侵害（私的なことに過度に立ち入ること）

なお、「優越的な関係を背景とした」言動とは、職務上の地位が上位の者による言動など、当該事業主の業務を遂行するに当たって、当該言動を受ける労働者が当該言動の行為者とされる者に対して抵抗又は拒絶することができない蓋然性が高い関係を背景として行われるものを指す（以上令和二年厚生労働省告示第五号参照）。

（注4）退職勧告の違法性の判断基準を明示した裁判例として、日本アイ・ビー・エム事件判決（東京地裁平成二三年一二月二八日判決・労働経済判例速報二一三三号三頁）がある。

　同判決は「退職勧奨は、勧奨対象となった労働者の自発的な退職意思の形成を働きかけるための説得活動であるが、これに応じるか否かは対象とされた労働者の自由な意思に委ねられるべきものである。したがって、使用者は、退職勧奨に際して、当該労働者に対してする説得活動について、そのための手段・方法が社会通念上相当と認められる範囲を逸脱しない限り、使用者による正当な業務行為としてこれを行い得るものと解するのが相当であり、労働者の自発的な退職意思を形成する本来の目的実現のために社会通念上相当と認められる限度を超えて、当該労働者に対して不当な心理的圧力を加えたり、又は、その名誉感情を不当に害するような言辞を用いたりすることによって、その自由な退職意思の形成を妨げるに足りる不当な行為ないし言動をすることは許されず、そのようなことがされた退職勧奨行為は、もはや、その限度を超えた違法なものとして不法行為を構成することとなる。」と判示する。

（注5）男性社員は女性社員に対する不法行為による損害賠償責任（民法第七〇九条）を負う。本件のセクハラ行為は浪花商事の事業の執行についてなされたものとはいえないので、浪花商事は、民法第七一五条第一項に基づく損害賠償責任（使用者責任）を負わないが、日頃からセクハラ防止対策を講じておらず、女性社員の被害申告に対しても適切に対応しなかったため、職場環

境配慮義務（労働契約法第五条の安全配慮義務の一つ）違反による債務不履行責任（民法第四一五条第一項）を負う（大阪地裁令和二年二月二一日判決・労働判例一二二三号六六頁参照）。

親族法

「協議離婚」

娘の離婚相談

ある日、柳生英五郎弁護士は、知人でオーナー企業の丸山太平社長からの電話に出た。

「先生、娘の離婚の件で、相談に乗ってもらえないでしょうか。私の会社にも顧問弁護士がいますが、娘のことですので、親しくしていただいている先生に相談するしかないと思い、お電話を差し上げた次第です。」と、丸山社長が言った。

「社長も可愛い一人娘のことですから、ご心配でしょうね。うちの事務所には、離婚など家事専門の優秀な女性弁護士がいます。了解しましたので、弁護士と日程を調整して折り返し連絡します。」

そう言って、柳生弁護士は、電話を切り、早速、西川由香弁護士にアポイントメントを

取った後、丸山社長に来所日時を連絡した。その折に、

「社長、事務所にお越しいただく際に、娘さんの戸籍謄本を持ってきてもらえると助かります。娘さんには、ご主人の職業や収入、結婚の経緯、離婚したい理由など参考になると思う事柄をメモに書いてもらってください。」

と、柳生弁護士は付け加えた。

事務所応接室

数日後、丸山社長夫婦が長女の山下佳織さんと共に、淀屋総合法律事務所に来所した。柳生弁護士は西川弁護士と共に、丸山社長夫婦と娘さんと挨拶を交わし、法律相談に臨んだ。

「まずは、お願いしておいた戸籍謄本を見せてください。それでは西川弁護士から必要なことをお訊きします。」

と、柳生弁護士が切り出した。

西川弁護士は、戸籍謄本に目を通したあと、佳織さんに質問を始めた。

「ご結婚されて一〇年目ですね。お子様はお一人ですね。」

「はい、今年、小学一年生になったばかりの長男の幸太郎です。自宅近くの小学校に通わせています。」

「ご主人の和也さんは何処にお勤めですか。」

「X製薬会社です。三年前に本社勤務になり、東京に単身赴任しています。」

「そうですか、事の経緯を話していただけますか。」

と、西川弁護士が促す。

佳織さんは、メモを見ながら話し始めた。その内容は次のとおりだった。

佳織は、二五歳のときに、三〇歳の和也と見合い結婚。帝塚山の賃貸マンションに住みながら専業主婦として夫和也を支え、夫婦関係は幸太郎が生まれるまでは円満だった。

ところが佳織が育児に疲れ、和也も仕事が忙しく、深夜に帰宅する日が多くになり、二人の関係がギクシャクし始めた。三年前に、和也は係長に昇進し、大阪支社から東京本社に転勤になったが、和也は、月に一回程度、佳織の携帯に簡単なメールを寄こすのみで、大阪の自宅にはほとんど帰ることはなかった。

一年前、佳織が和也から届いたメールを開いた。すると、それは、

「A子ちゃん。大好きな僕です。今晩、午後八時、Yホテルのロビーで待ってるからね。和也。」

と、和也が佳織のメールアドレスに誤ってA子という女性宛に送信したものだった。既に和也との関係が冷え切っており、和也に交際女性がいることを知った佳織は、和也と離婚したいと思うようになった。思い悩んだ末、最近になって両親に事の次第を打ち明けたという。

親権

西川弁護士は、佳織さんの話を聞き終わった後、

「和也さんからのメールに返信しましたか？」と、訊いた。

「はい、返信メールを送り、A子さんのことを問い糾しました。これを見てください。」

と、佳織さんは携帯の保存メールを見せた。

佳織「A子さんと交際しているの？　いつから関係を持ったの？」
和也「間違ってメールを送ったから仕方がないが、A子との関係は認めるよ。おまえ、僕と別れたいのか？　別れてやってもいいと思っているが、僕に幸太郎の親権を渡すことが条件だ。」

佳織「幸太郎の親権は渡せません。」

和也「それなら話にならんね。」

西川弁護士は言った。

「お話を伺った限りでは、婚姻関係は破綻しているといえますし、これでは夫婦関係を継続することはできませんね。」

「はい、もう限界です。」

と佳織が答えた。

「ところでA子さんはお幾つですか。仕事もされていますか。」

「最近になって分かったことですが、A子さんは、東京本社で夫の部下として働いています。夫より二歳年上の四二歳で、子供をつくるのは難しい年齢なので、多分、夫は幸太郎の親権を欲しがっているのではないかと思っています。」

少し考えて、西川弁護士は、

「取り敢えず、任意で交渉を始め、時期を見て、離婚調停の申立てをすることにしましょうか」と、提案した。

「先生、私は幸太郎の親権は譲れませんので、是非、それが叶えられるようによろしくお願いします。」

「親権も監護養育者も、母親である佳織さんが相応しいと思いますが、和也さんが幸太郎君と定期的に面会し、交流することを認めなければなりませんよ。」

「どのくらいの頻度で面会させる必要があるのですか。」

「和也さんとの協議で決めることになりますが、佳織さんの意見を踏まえて交渉したいと思います。」

「よろしくお願いします」と、佳織さんが頭を下げた。

養育費

「ところで、和也さんの年収はどのくらいですか。」

「良く分かりませんが、七〇〇万円くらいだと思います。」

「給与明細をもらえば、正確なことが分かりますが、取り敢えず、七〇〇万円と仮定して と……。」と、言いながら、西川弁護士は手元の冊子を繰った。

冊子は、裁判所が公表している養育費・婚姻費用に関する「改定標準算定表」（令和元年版）(注1)を綴ったもので、親の年収、子供の数、年齢などを元に算定されている。

西川弁護士はそのうちの「養育費・子供1人（子0〜14歳）」の算定表を佳織さんに見せ

ながら、言った。

「一四歳以下の子供さんが一人の場合の算定表です。給与所得者と自営業とでは区分されています。佳織さんには収入がありませんので、和也さんの収入によることになります。給与所得者の場合、この欄の金額になります。えっと、八万円から一〇万円ですね。今回のケースは八万円が妥当だと思います。」

慰謝料

「先生、離婚となると、夫に慰謝料も請求できますか。夫はA子と不倫しているのですし、それが原因で離婚する訳ですから……。」

と、佳織さんが話題を変えた。

「和也さんの不貞行為は、佳織さんに対する不法行為になります。ですから、慰謝料の請求はできます。佳織さんは、和也さんの不倫を知ってかなりの精神的な苦痛を被られたわけですから、当然ですよ。」

「どのくらい請求できるものですか。」

西川弁護士は少し間を置いて言った。

「そうですね。不貞の態様や回数などによって違いがありますが、一〇〇万円から一五〇万円というのが一般的ですね。今回のケースなら一〇〇万円が妥当だと思いますね。」

「A子さんにも慰謝料の請求はできますか。」

「佳織さんが不倫を知ったのは一年前ですね。まだ時効になっていませんので、請求できますが[注2]、協議離婚を早く成立するためには、A子さんに請求するのはやぶ蛇かもしれません。その点はよく考えましょう。」

「離婚が成立した後でも、私は離婚によって更に精神的な苦痛を受けることになります。離婚に伴う慰謝料を、A子さんに請求できますか」と、佳織さんが訊ねた。

西川弁護士が答える。

「原則としてそれはできません。最高裁は、離婚による婚姻の解消は、本来、当該夫婦の間で決められるべき事柄であるとの立場で、『夫婦の一方は、他方と不貞行為に及んだ第三者に対し、単に夫婦の一方との間で不貞行為に及ぶにとどまらず、当該夫婦を離婚させることを意図してその婚姻関係に対する不当な干渉をするなどして当該夫婦を離婚のやむなきに至らしめたものと評価すべき特段の事情がない限り、離婚に伴う慰謝料を請求はできない』と判断しているからですよ[注3]。」

財産分与

「次は財産分与の話になりますが、ご夫婦名義の不動産はありますか。」

と、西川弁護士は訊ねた。

「自宅は賃貸マンションですので、不動産はありません。」

「車はいかがですか。」

「夫は中古の車に乗っていますが、年式が古いのでそれ程価値はないと思います。」

「預貯金はありますか。」

「夫が管理しているので正確な額は分かりませんが、二〇〇〇万円はあると思います。」

「それなら預貯金の半分は佳織さんに分与されることになりますね。」


こうして西川弁護士は、佳織さんから離婚の任意交渉と調停申立ての件を受任し、交渉を始めた。幸い、相手方の弁護人が和也を説得してくれたこともあって、協議離婚が成立する運びとなった。

離婚協議

双方の弁護士が協議を重ね、最終的に成立した離婚協議の内容は、次の離婚協議書のとおりだった。

和也（甲）と佳織（乙）は、以下の条項のもとに合意する。

1　甲が離婚届出書に書名・捺印したものを乙に交付し、乙が提出する。

2　幸太郎の親権者を乙とする。

3　甲は乙に対し、令和★年★月から幸太郎が二〇歳に達する日の属する月まで幸太郎の養育費として月額八万円の支払義務があることを認め、毎月前月の末日限り、幸太郎名義の銀行口座（★）に振込送金して支払う。ただし、振込手数料は甲の負担とする。

4　幸太郎に対する面会交流について以下の事項を遵守する

①　甲は事前に乙に面会交流の申入れをする。

②　面会回数は原則月一回とし、具体的な日時、場所及び宿泊を含む面会交流の方法は、幸太郎の福祉を害しないよう、双方協議して決める。

③　甲は面接の日時場所について監護権者である乙の意見を尊重する。
④　甲と乙は幸太郎の親という立場であることを自覚し、協力して前号までの各事項の遂行に当たる。
5　甲は乙に対し、慰謝料として金一〇〇万円、財産分与として金一〇〇〇万円の各支払義務があることを認め、令和三年★月★日限り、乙名義の銀行口座（★）に振込送金して支払う。ただし、振込手数料は甲の負担とする。
6　甲と乙との間の対象期間（★）に係る被保険者期間の標準報酬の改定または改定の請求についての厚生年金法第七八条の二第二項の請求すべき按分割合を〇・五と定める。
7　甲と乙は、本件離婚に関しては以上の条項により、すべて解決済みであること、及び他に互いに何らの債権債務がないことを確認する。
8　甲と乙は、本離婚協議書と同旨の強制執行認諾文言付の公正証書を作成することに合意し、公正証書の作成については、第一項の離婚届出書の署名・捺印と同時に行う。
以上の協議の成立の証しとして、本協議書二通作成し、甲乙各一通所持する。

（注1）家庭裁判所が養育費・婚姻費用の額を定めるときは、裁判所ウェブサイトで公開されている「改定標準算定表」を用いることが一般的である。従前は、平成一五年に公表された「標準算定表」を用いていたが、現在の社会的実態に合わないと批判されたこともあり、令和元年に改定版が公表された。

（注2）夫婦の一方の配偶者が他方の配偶者と第三者との同棲により第三者に対して取得する慰謝料請求権については、一方の配偶者が右の同棲関係を知ったときから、それまでの慰謝料請求権の消滅時効が進行する（最高裁平成六年一月二〇日第一小法廷判決・裁判集民事一七一号一頁参照）。また、右の慰謝料請求権の消滅時効は三年である（民法第七二四条第一項）。

（注3）最高裁平成三一年二月一九日第三小法廷判決・民集七三巻二号一八七頁。

自動車事故保険金

「後遺障害」

自賠責保険

自動車損害賠償保障法では、自動車事故の被害者救済のため、自動車と原動機自転車（以下併せて「自動車」という）について、自動車損害賠償責任保険（以下「自賠責保険」という）又は自動車損害賠償責任共済への加入を義務付けている（第五条）。

自動車の人身事故で、加害車両の「保有者」が法的な損害賠償責任（運行供用者責任）を負う場合に、自賠責保険から一定額を限度として保険金又は損害賠償額が支払われる（第三条、第一一条）。保有者とは「自動車の所有者その他自動車を使用する権利を有する者で、自己のために自動車を運行の用に供するもの」をいう（第二条三項）。

被害者は、保険会社に対し、保険金額の限度において、損害賠償額の支払を請求することができる（第一六条第一項）。これを「被害者請求」と呼ぶ。

自賠責保険の保険金の支払限度額は、自動車損害賠償保障法施行令（以下「施行令」という）第二条並びに別表第一及び第二で定められている。

因みに、後遺障害(注1)による損害については、

介護を要する場合（別表第一）

一級が四〇〇〇万円、二級が三〇〇〇万円

介護を要しない場合（別表第二）

最も重い一級から最も軽い一四級まで等級区分があり、例えば、一級が三〇〇〇万円、七級が一〇五一万円、一四級が七五万円

とされている。

ところが、自動車の人身事故による損害賠償額は自賠責保険の支払限度額を超えることが多いのが実態である。そのため、自動車の保有者の多くは、自賠責保険の支払限度額を超える人的損害部分が填補される任意自動車保険（対人賠償責任保険）に加入している。

事故の概要と保険会社の査定

淀屋総合法律事務所の佐野竜一弁護士は、主に交通関係事件を取り扱っている。

ある日、佐野弁護士は、自動車事故で被害に遭った石橋武雄からの相談に対応することになった。

佐野弁護士は、

「早速ですが、どんな事故だったのですか。」と、訊ねた。

石橋武雄は、「これを見てください。」と言いながら、カバンから取り出した書類を会議用テーブルの上に広げて事故状況の説明を始めた。

信号のない交差点での自動車と自転車との出会い頭の衝突事故だった。

被害者（当時四〇歳）が自宅から勤務先の精密機械工場まで自転車で出勤途中、加害者運転の自動車が一時停止の標識を無視して交差点に進入し、被害者の自転車と衝突した。

被害者は、入院加療二か月の重傷を負ったという。

佐野弁護士は、石橋武雄に、

「大きな怪我をされたのですね。後遺障害は残りましたか。」と訊ねた。

「後遺障害」

「脊柱変形障害などの後遺障害が残り、今でも苦しんでいます。」

と、石橋武雄が答えた。

「加害者は、自賠責保険のほかに、任意自動車保険（対人賠償責任保険）に加入していますか。」

「はい、M総合保険の任意自動車保険です。M総合保険の示談代行サービスの担当者から損害賠償額を提示されたのですが、金額が少ないので、担当者に文句を言ったのです。ところが、ラチがあかないのです。是非、先生に保険会社との交渉をお願いできないでしょうか。」

そう言って石橋武雄は、佐野弁護士にM総合保険の査定関係書類を見せた。

佐野弁護士が査定関係書類を確認すると、M総合保険が今回の事故で損害賠償額として査定した金額は合計約五二〇〇万円だった。

内訳を見ると、

治療費、通院費、入院雑費は全額支払済み

休業損害金一〇〇〇万円は七〇〇万円が支払済み

症状固定までの傷害慰謝料（入通院慰謝料）は一二〇万円

後遺障害逸失利益(注2)は三二〇〇万円

後遺障害慰謝料は六一七万円
過失相殺は五〇〇万円
だった。

少し間を置き、佐野弁護士は、

「おおそのことは分かりました。M総合保険のような大手の保険会社でも対応は一様ではありません。同一態様の自動車事故の場合でも査定内容に開きがあることはよくあります。石橋さんの件も交渉の余地は十分ありますよ。」と、言った。

「そんなものですか。」

石橋武雄にとっては、初めて聞く話だった。

佐野弁護士の質問が続く。

「では、過失割合を確認しておきましょう。保険会社は、被害者の石橋さんが10で、加害者が90の過失割合で、過失相殺は五〇〇万円と査定していますね。」

「そうです。でも、先生、私の過失はほとんどないと思うのですが。」

石橋武雄はやや不満げに答えた。

佐野弁護士は、説得を始める。

「石橋さんがそこまでおっしゃるなら、石橋さんには過失がなかったとして、当方の主張を組み立てることもできますが、正直なところ、過失割合を争うのは難しいと思いますよ。これは今回の事故と同じ出会い頭の事故です。やはり、被害者の過失割合はゼロではなく、10になっていますね。裁判実務では、事故態様に応じて過失割合はほとんど決まっているのですよ。」

そう言って、佐野弁護士は過失相殺率の認定基準の冊子(注3)を見せた。

「分かりました。過失割合は査定通りで結構です。」

と、石橋武雄も納得した。

「保険会社の査定で一番納得できない点は何ですか。」

と、佐野弁護士が訊いた。

「それは後遺障害慰謝料の金額です。六一七万円は余りにも少ないと思うんですが、私の考え間違っていますか?」と、石橋武雄が訊ねた。

後遺障害による損害と算定

後遺障害のある石橋武雄については、M総合保険が対人任意一括払いの前提として任意自動車保険金の支払前に、損害保険料率算定機構に後遺障害等級認定を請求していた。これを事前認定という。

対人任意一括払いとは、任意自動車保険の保険会社が、本来ならば自賠責保険の保険会社が支払うべき保険金相当額を立て替え、これを含め一括して任意保険金を支払うことである。支払後、任意自動車保険の保険会社は、一括払い後、自賠責保険の保険会社に求償する。

事前認定の請求がなされると、同機構の下部組織である自賠責損害調査事務所は、施行令第二条別表の後遺障害等級表のどの等級に当たるかを認定し、その回答として「後遺障害等級認定票」と「後遺障害調査書」を保険会社に送付する[注4]。保険会社は、認定等級に応じて損害賠償額を査定する取扱いになっている。

自賠責損害調査事務所の後遺障害等級認定票では、石橋武雄の後遺障害は、介護を要しない後遺障害七級と認定されていた[注5]。

後遺障害慰謝料や逸失利益を含む損害賠償額については、赤本、青本、緑本と呼ばれる算定基準に関する手引書がある。

赤本とは「民事交通事故訴訟　損害賠償額算定基準」(日弁連交通事故相談センター東京支部編)である。青本とは「交通事故損害額算定基準」(日弁連交通事故相談センター編)である。緑本とは「交通事故損害賠償額算定のしおり」(大阪弁護士会交通事故委員会編)

である。

後遺障害七級の場合、赤本の算定基準では後遺障害慰謝料が一〇〇〇万円、青本の算定基準では慰謝料が九〇〇万円から一一〇〇万円、緑本の算定基準では後遺障害慰謝料が一〇三〇万円とされている。

いずれの手引書も過去の裁判例を参考にして算定基準を示したものである。多くの弁護士が使用しており、佐野弁護士もその例外ではない。

佐野弁護士は、緑本の頁を捲りながら、

「石橋さん、あなたの場合は後遺障害七級ですので、逸失利益は年間の収入金額に七級の労働能力喪失率と就労可能年数の係数を乗じるなどして算出しますが、査定額の三二〇〇万円を増額するのは少し難しいですね。しかし、後遺障害慰謝料については、やはり六一七万円は少なすぎますね。これは任意保険会社が独自に定めている支払基準（「任意基準」と呼ばれている）の限度で算定したからですが、実務では、赤本、青本、又は緑本の算定基準によるのが通例です。大阪では緑本の算定基準によっていますので、一〇三〇万円の後遺障害慰謝料を要求できると思います。また、傷害慰謝料についても一二〇万円ではなく、三二〇万円は要求できるでしょうね。」

と、おおよその見通しを示した。

「後遺障害」


「見込みがあるということですね。」

石橋武雄の表情が緩んだ。

ここで実務経験の豊富な佐野弁護士は、

「石橋さんからお聞きした保険会社の対応を考えると、取りあえず、(公財) 交通事故紛争処理センター(注6)に和解の斡旋を申し出るのがベターではないかと思っています。いわば調停みたいなものです。センターから斡旋案が提示されたら、ほとんどの保険会社は斡旋案を受け入れますよ。」

と、言って和解の斡旋の申出を提案した。

「先生、その斡旋の申出をするのに、どのくらいの費用がかかるのですか。」

「費用はかかりませんので、ご安心下さい。」

「それなら、センターの申出の方よろしくお願いします。」

そう言って石橋武雄が頭を下げた。

「そうそう、加害者の人の刑事処分はどうなりましたか?」と、佐野弁護士が訊ねた。

「既に相手の人は起訴され、裁判で過失を認め、有罪判決が出ていると聞いています。」

「そうすると、判決も確定していると思いますので、事故の状況を確認するため、検察庁に申し出て実況見分調書の閲覧・謄写の許可をお願いすることにします。」

そう言って佐野弁護士は、石橋武雄から正式に事件を受任することになった。

斡旋案と和解

弁護士会は、所属弁護士からの申出に基づき、受任事件について公務所や公私の団体に照会して必要な事項の報告を求めることができる（弁護士法第二三条の二参照）。

佐野弁護士は、公務所等への照会の申出を行うなどして交通事故紛争処理センターに提出する書類を整え、和解の斡旋の申出をした。

M総合保険側も指定期日に出席し、協議が始まった。

佐野弁護士は、後遺障害慰謝料と傷害慰謝料の増額を主張したが、M総合保険側は、当初査定の後遺障害慰謝料六一七万円と傷害慰謝料一二〇万円の金額を譲らず、直ぐには決着はつかなかった。

協議を重ねた末、交通事故紛争処理センターは、最終的に後遺障害慰謝料一〇〇〇万円、傷害慰謝料三〇〇万円などとする斡旋案を双方に提示した、その額はM総合保険の査定額を約六〇〇万円上回る約五八〇〇万円だった。

佐野弁護士は、早速、石橋武雄に事務所に来てもらい、センターの斡旋案の内容を説明した。

「これで結構です。先生にお願いして本当に良かったです。」

石橋武雄は斡旋案を受け入れ、M総合保険側も斡旋案に同意し、和解が成立した。

通常、損害賠償金は、M総合保険の内部手続を経て、和解が成立して約一か月後に被害者の銀行口座等に振り込まれる。

今回の件では、佐野弁護士がM総合保険に早期の振込みを依頼したため、和解成立後一〇日目に損害賠償金が一括して振り込まれた。

（注1）後遺障害とは症状固定時点で身体に残存する障害をいい、症状固定とは治療を続けてもそれ以上症状の改善が望めない状態をいう。自動車損害賠償保償法施行令第二条第一項第二号は「傷害が治つたときに身体に存する障害をいう。」と定める。
（注2）事故がなければ取得することができた収入・利益（得べかりし利益）をいう。
（注3）東京地裁民事交通訴訟研究会編『民事交通訴訟における過失相殺率の認定基準〔全訂5版〕』（別冊判例タイムズ三八号）
（注4）後遺障害等級に応じた自賠責保険金を受領するために被害者請求を行った場合も、同様に自賠責損害調査事務所による後遺障害等級認定を受ける。
（注5）認定等級に不服があるときは、保険会社を通じ損害保険料率算定機構に異議の申立てができる。

（注6）（公財）交通事故紛争処理センターは、自動車事故に伴う損害賠償を巡る紛争を解決するための相談、和解の斡旋及び審査を無償で行うＡＤＲ（裁判外紛争処理手続）機関である。特に、事実関係に争いがない場合や争いがあっても当事者の主張に大きな差がなく、その法的評価や算定基準額が主な争点になっている場合は有用である。ただし、和解の斡旋手続は、事故の被害者と、加害者が契約する保険会社又は共済組合との示談を巡る紛争に限り利用できる。また、和解の斡旋が不調に終わったときは審査手続に移行でき、保険会社や共済組合は審査での裁定に事実上拘束されるが、被害者は拘束されない。

同センターは東京に本部を置き、全国に一〇か所に支部・相談室（各高等裁判所の所在地のほか、さいたま市、静岡市、金沢市）がある。

同種のＡＤＲ機関としては、（公財）日弁連交通事故相談センター（和解の斡旋及び審査を無償で行う。ただし、審査手続は、センターと協定を締結している共済組合を相手方とする場合に限り利用できる。）、及び（公社）民間総合調停センター（和解の斡旋及び仲裁を行う。ただし、申立手数料が必要。仲裁手続では、仲裁廷の仲裁判断は確定判決と同一の効力を有する。）がある。

贈与税等課税処分取消訴訟

「還付金二千億円」

エクスターンシップ

「今日から、事務所でエクスターンシップの研修を始める宝塚さんです。」

と、夙川弁護士が連れの女性を紹介した。

「宝塚華代です。よろしくお願いいたします。」

「柳生です。しっかり勉強してください。何か質問があればいつでも僕の部屋に来てください。」

毎年、淀屋総合法律事務所でもエクスターンシップで法科大学院生数名を受け入れている。

エクスターンシップとは、法科大学院が学生に法律事務所で実務研修をさせる制度である。通常、一〇日間の日程で弁護士から指導を受けることが多い。

早速、柳生弁護士が事務所メールをチェックすると、今月のエクスターンシップで受け入れる法科大学院生の略歴が紹介されていた。

宝塚華代二四歳、京阪大学法科大学院二年（既修者クラス）、浪華大学法学部卒、選択科目租税法とある。

来訪

「柳生先生、宝塚です。お言葉に甘えてお邪魔しました。私、税務訴訟に大変興味がありまして、選択科目も租税法なのです。」

「それは大いに結構ですね。」

「先生、武富士の元専務に対する贈与税等課税処分取消請求事件の最高裁平成二三年二月一八日判決（裁判集民事二三六号七一頁）をご存じだと思いますが、何点かお尋ねしたいことがあります。」

柳生弁護士は、鷹揚に頷きながら言った。

「新聞でも大きく報道され、最高裁のウェブサイトにも登載された事件ですね。国が全面的に敗訴し、国が支払う還付金も約二〇〇〇億円と高額でしたね。」

するると、宝塚華代は、自信たっぷりに言った。

「私は国に勝たせても良かったのではないかと思っています。」

その勢いに圧倒されながら、柳生弁護士は話し始めた。

「まあ、そう結論を急がないでください。とにかく訴訟の経過を復習してからお話ししましょう。」

訴訟の経緯

平成一一年一二月、当時、武富士会長夫婦が長男の元専務に国外財産（オランダ法人への出資七二〇〇口・課税価格約一六五三億円）を贈与したが、元専務は贈与税の申告をしなかった。

税務署長は、贈与時、元専務の住所が日本国内にあったと認められるから、贈与税を課税できるとして、元専務に対し、贈与税の本税と無申告加算税とを併せた総額約一三三〇億円の追徴課税をした。

元専務は、贈与時、住所が香港にあって日本国内にはなかったから、税務署長の課税処分は違法だとして不服申立手続を経て、課税処分取消訴訟を提起した。

国は、一審では敗訴したが、二審で逆転勝訴した。元専務は上告した。

最高裁は、日本国内に元専務の住所がなかったから、課税処分は違法だとして二審判決を破棄して国を敗訴させた。その結果、当初の課税処分が取り消された。

元専務には還付加算金を含め総額約二〇〇〇億円が還付された。個人への還付として過去最高だった。

「先生、一般市民の感覚からすると、どうして二〇〇〇億円ものの税金が還付されるのか不思議に思いますよね。還付金は武富士に対する過払金請求の返還に充てるべきだ、という意見もあるのではありませんか。」

と、宝塚華代が言った。

「そう考えるのも至極当然だと思いますよ。」

と、柳生弁護士が相槌を打った。

「なぜ、このような市民感覚と異なる判決を最高裁が出したのでしょうか。」

「そこが核心だね。まずは裁判で争点になった課税要件を確認しておきましょう。平成一一年当時の相続税法では、贈与時に贈与を受けた者の住所又は贈与された財産の所在地のいずれかが国内にあれば、贈与税が課税されることになっていましたね。」

「それ以外の場合には課税されなかったのですね。」

と、宝塚華代が訊いた。

「そのとおりです。海外にいる居住者に国外にある財産を贈与すれば贈与税はかからない税制だったのです。ですから、そういう状況にして国外にある財産を贈与すれば課税されない訳ですよ。」

と、柳生弁護士が答えた。

間を置かず、宝塚華代が整然と事実関係を話し出した。

「私、判決が認定した事実関係を確認したのですが、父親の武富士会長は、自宅で同居させていた元専務を、本社の役員兼務のまま、香港の現地法人等に赴任させ、香港の賃貸アパートに居住させていました。元専務は香港に赴任中、本社の役員会などに出席し、昇進もしています。来日した際の滞在先は従来どおり父親の家だったんですね。」

宝塚華代は原審の高裁判決を読み込んでいることは明らかだ。

そこで柳生弁護士は本題に入ることにした。

「今回の事件では、武富士会長夫婦が、贈与税を免れるために、わざわざ武富士の株式約一五七〇万株をオランダの法人に出資（合計八〇〇〇口）して財産を海外に移した上で、元専務に、そのうち七二〇〇口を贈与したという点を、まずどう考えるかだ」と、柳生弁護士はそう言って一息入れた。

「次に問題になるのが日本と香港との滞在日数をどう評価するかだね。約三年半の香港赴任期間中、香港には六五パーセント、日本には二六パーセント、その他に九パーセントだった。公認会計士の指導を受けながら、香港の滞在日数が多くなるよう調整していたとはいえ、香港での滞在日数は国内の二・五倍という事実も動かし難いね。」

「先生、今回は贈与税を免れるためのスキームだったことは明白ですし、日本にもそれなりの生活をしていた訳ですから、課税してもいいような気もしますが……。」

「その気持ちは僕も分かるよ。直接株式を元専務に贈与すれば確実に贈与税が課せられるし、その額は半端なものではない。だからこそ、武富士会長らは、租税回避のためのスキームを考え出した訳だからね」

最高裁判決

「事実関係と問題点は整理できたとして、最高裁の判断を見てみよう。」

と、宝塚華代が用意した判決文のコピーを見ながら柳生弁護士が話を続けた。

「要は元専務の生活の本拠はどこにあるかに尽きます。最高裁判決は『住所とは、生活の本拠、すなわち、その者の生活に最も関係の深い一般的生活、全生活の中心を指すものであり、一定の場所がある者の住所であるか否かは、客観的に生活の本拠たる実体を具備しているか否かにより決すべきものと解するのが相当である』と判示している。この点は異論はないでしょう。」

「はい」と、宝塚華代が返事する。

「最高裁は『主観的に贈与税回避の目的があったとしても、客観的な生活の実体が消滅するものではない』と言っています。そして、元専務の場合、現に香港での滞在日数が本件期間中の約三分の二（国内滞在日数の約二・五倍）に及んでいるので、租税回避の目的で『各滞在日数を調整していたからといって、そのことを『本件香港居宅に生活の本拠たる実体があることを否定する理由とすることができない』と結論付けていますね。」

と、柳生弁護士は最高裁の見解を説明した。

「先生、私が興味があるのは須藤裁判官の補足意見です。」

宝塚華代はそう言って補足意見を読み始めた。

「本件株式を直接贈与すれば課税されるのに、租税回避を目的とし、いわば外国法人を器とするスキームが成功するまで暫定的に住所を香港に移しておけば課税されないというのであれば、両者の間に著しい経済的な不公平感がある。租税法律主義の下では、課税要件は明確なものでなければならない。これを規定する条文は厳格な解釈が要求される。安易に拡張・類推解釈、権利濫用法理などの特別な法解釈を行って、租税回避の否認をして課税することは許されない。租税法律主義という憲法の要請の下、法廷意見の結論は、一般的な法感情の観点からは少なからず違和感もあるが、やむを得ない。」

判決文のコピーから目を離し、宝塚華代が自分の考えを述べた。

「先生、補足意見のいうように違和感があるんだったら、最高裁も贈与税の追徴課税は適法だと判断すべきだったのではないでしょうか。」

「高裁判決はそう考えたからこそ、国を逆転勝訴させたんだと思いますよ。まあ、その点はともかく、最高裁は、憲法が定める租税法律主義を根拠に、法律に書いていない要件で課税はできない、課税をしたいのならそのように法律を改正すればいいいんだ、そう言いたいんだよ。」

そう断言して再び手元の判決文のコピーに目をやりながら、柳生弁護士は話を続けた。

「最高裁判決も『贈与税回避を可能にする状況を整えるためにあえて国外に長期滞在するという行為が課税実務上想定されなかった事態であり、このような方法による贈与税回避を容認することが適当でないというのであれば法の解釈に限界があるので、そのような事態に対応できるように立法によって対処すべきである。』とはっきり言っているんですよ。」

「先生、最高裁の考え方がよく分かりました。実際に本件の贈与後ですが、平成一二年度税制改正で、元武富士専務の贈与税事件のようなケースでも課税できるになっていますね。」

と、宝塚華代が言った。

「そうですね。最高裁も法改正のことを承知の上で判決しているので、租税法律主義を理由に結論を導きやすかったかもしれないね。最高裁が国家と納税者とを等距離に置き、アンパイアに徹するという姿勢を明確にしたとも言えますが、まあ、最高裁が変貌したことだけは間違いないと思いますよ。」

と、柳生弁護士は結論付けた。

「そういう見方があるのですね。今日は勉強になりました。ありがとうございました。」

微笑みながら宝塚華代は丁寧にお辞儀をした。

法改正

平成一二年度税制改正で、贈与により財産を取得した日本国籍を有する者が当該財産を取得した時に国内に住所を有しない場合であっても、その者又は贈与者が贈与前五年以内のいずれかの時において日本国内に住所を有しているときは課税されることになった（相続税法第一条の四第一項第二号）。

もっとも、贈与者と受贈者双方が五年を超えて国外に住所を有することで、国外財産について贈与税を回避することは可能だった。そこでこのような方法での課税逃れに対処するため、平成二九年度税制改正により、右の期間が五年から一〇年に伸長され、現在に至っている。（注2）

（注1） 憲法第八四条で「あらたに租税を課し、又は現行の租税を変更するには、法律又は法律の定める条件によることを必要とする。」と定め、租税法律主義を明記する。

①課税要件法定主義、②課税要件明確主義、③合法性の原則、④租税法規不遡及の原則を、その内容としている。

（注2） 所得税法では、居住者は、国内・国外源泉所得を問わず、そのすべての所得が課税対象となる（所得税法第七条第一項第一号）。

居住者とは「国内に住所を有し、又は現在まで引き続いて一年以上居所を有する個人」（同法第二条第一項第三号）、非居住者とは「居住者以外の個人」（同項第五号）と定義されている。そして非居住者は、一定の国内源泉所得のみ課税対象となる（同法第七条第一項第三号）。

このように住所及び居所の有無によって課税対象の範囲が異なる。そのため、所得税法においても「住所」の意義が問題になるが、相続税法上の住所の意義と同様に生活の本拠をいうものと解されている。

所得税法における「住所」が争点になった裁判例としては、東京高裁令和元年一一月二七日判決・金融商事判例一五八七号一四頁がある。この高裁判決は、前掲最高裁判決を引用した上、住所とは生活の本拠をいい、滞在日数、住居、職業、家族、資産の所在を総合的に考慮して判断すべきものと判示する。

これと関連して、含み益のある財産の譲渡所得に関する課税の問題がある。

例えば、株式などの有価証券等を保有する居住者が国外に転出して非居住者となった後に、当該有価証券等を譲渡して利益を得た場合、国外源泉所得に当たり課税できないという問題があった。この点については、平成二七年度の税制改正により、居住者が国外に転出して非居住者となな当該有価証券が合計一億円以上の場合には、、居住者が国外に転出して非居住者となる際に譲渡がなされたものとみなし、一五パーセントの税率で課税されることになった（所得税法第六〇条の二）。これを国外転出時課税制度という。

また、同様に、例えば、日本の居住者がその保有する含み益のある有価証券等を非居住者に無償で譲渡し、あるいは、これらを非居住者が相続により取得した後、譲渡益が実現した場合の課税関係も問題になる。この点についても、平成二七年度の税制改正により、居住者の有価証券等が贈与ないし相続時に合計一億円以上である場合には、居住者の有価証券等が贈与又は相続によって非居住者に移転される際に、同様一五パーセントの税率で課税されることになった（所得税法第六〇条の三）。これを贈与等時課税制度という。

銀行取引

「投資信託」

勧誘

「先生、投資信託を始めませんか。」

中之島銀行淀屋橋支店の営業課長大野平太は、投資信託のパンフレットを広げながら勧誘を始めた。

柳生弁護士は、素っ気なく答える。

「僕は興味ないよ。今までやったこともないしね。」

「先生は弁護士さんですから、勉強も兼ねて始められたらどうですか。」

と、大野課長が食いさがる。

「流石にうまいこと言うね。」

課長が売り込みにかかる。

「当行の販売商品のうち、お勧めはドル建ての海外債券ファンドです。外国債券に分散投資して運用益を出す商品です。『ダブルトリプルの星』はいかがですか。」

「銀行が運用するの?」

「いえ、そうではありません。当行は投資家のお客様と投資ファンドとの間を取り次ぎます。当行が投資会社から委託を受けて投資信託を販売しますが、投資家から集めた資金は投資ファンドが運用します。」

「ドル建てということは、運用益以上の為替差損も発生することもある訳だね。」

「そうです。」

「要するに投資だから元本割れの危険もある。ハイリスク・ハイリターンだから仕方がないということですね。」

「そのとおりですが、私どもとしては、超低金利の時代ですので、投資信託をお勧めしているのです。分配金受取コースがどうでしょう。毎月、運用益があれば、普通分配金が、それがなければ、特別分配金が支払われます。」

「特別分配金というのは何なの?」

「受託資金の一部を再投資せずに分配に回す配当金のことです。」

「投資信託」

「要するに元本を払い戻して配当に充てるだけのことですか。いわばタコが自分の足を食べるのと同じだね。」

柳生弁護士から鋭い質問を浴びせられ、大野課長は言葉が詰まった。

「そうなりますが……。」

と、課長は歯切れが悪く返答した。

「それに購入手数料も要るね。」

「はい、一・五パーセントほどになります。」

「売るときも手数料を取るのですか。」

「売却するときにいただく投信もありますが、お勧めの商品は不要です。ただ、運用残高に応じて年一パーセントの信託報酬をご負担願います。」

「それは一体何ですか。」

「投信の運用会社等に支払う運用管理費用のことです。」

「そうすると結構コストがかかるものだね。相当の運用益が出ないと費用倒れにもなる危険がある訳ですね。」

「そのとおりでございます。」

大野課長が慇懃に対応する。

「勉強のために、少しやってみるか。」

と言って、柳生弁護士は勧められた投資信託を申し込んだ。(注1)

投資信託の解約

淀屋総合法律事務所の弁護士は皆多忙だ。なかなか一緒に飲む機会が作れない。

偶々、投資信託を申し込んだ日の夜は、知財専門で、切れ者弁護士の評判の東山浩之弁護士と馴染みの居酒屋「つる」で会食することになっていた。

東山弁護士と共に店に入り、早速生ビールで乾杯する。

「東山先生もロースクールの教授と二股じゃあ、忙しいのではないのか。」

と柳生弁護士が質問すると、東山弁護士は言った。

「事件は若い者にやらせているので、丁度いいくらいです。」

「実は今日、投資信託を申し込んだよ。」

「そうですか、僕も、今日、『龍馬産業株式会社』の坂本社長から投資信託の法律相談を受けていたんです。」

「それは是非聞きたい話ですね。」

「投資信託」

東山弁護士はロースクール生に講義をするように話し始めた。

「坂本社長が言うには、二年前に、メインバンクの土方銀行の担当者から投資信託を勧められたそうだ。会社の余剰資金で投信を買っておけば、運用次第で資金は増えるし、いつでも資金化できると言われ、その気になって当時三〇〇〇万円で投信を買った。その後配当もあり、元本はほぼ確保されていたので、社長は満足していたそうです。」

「結構な話ではないですか。」

「ところが問題が起きたのです。先日、近藤銀行で振り出した手形の決済資金が必要になったので、坂本社長が土方銀行に投信の解約手続を頼んだそうです。そのときの投信の残高は約二九〇〇万円だったので、当然解約すれば、約二九〇〇万円の解約金を払ってもらえると思っていたのですが、土方銀行は、龍馬産業に対する貸付金が三〇〇〇万円残っている、龍馬産業の預金口座には利息払いの入金しかなく、残高も一〇〇万円にも満たない、龍馬産業のバランスシートも債務超過になっている、このような状況では解約金は払えないと言い出したそうです。」

「どうして?」

と、柳生弁護士が訊ねた。

「銀行側の説明によると、投信の解約金は、土方銀行の龍馬産業に対する貸付金三〇〇〇万円と相殺できるというのです。」

柳生弁護士は坂本社長の気持ちを忖度して、

「坂本社長だって投信を買うときには、そんな説明も受けていないはずだろう。それに、元々自由に使えるはずの会社の金が土方銀行の担保に取られていたのと同じじゃないですか。社長にすれば土方銀行に騙された気分かもしれないね。」

と、言った。

「そうかも知れないが、現状を考えると、龍馬産業は資金がパンクし、不渡りを出して倒産するおそれもある。坂本社長としては、投信の解約金があれば、直ぐに倒産することもないし、その後のつなぎの営業と在庫処分で何とか食いつなげる、そう考えて僕に何とかならないか、と相談に来たという訳です。」

と、東山弁護士が言った。

「何か手はないのですか。」

「難しいですね。仮に裁判を起こして解約金を取り戻すことにしても、それまで資金繰りが間に合わないと思います。裁判はどうも……。」

と、東山弁護士は訴訟提起には消極的な意見を述べた。

「元々自由に使えると銀行が説明していたのですよね。」

「例えば、解約金の振替先口座を土方銀行から他の銀行に変更する方法も考えられますが、現実には土方銀行が抵抗するので難しいですね。」

と、冷静に答える東山弁護士だった。

裁判例

「坂本社長のような案件で裁判例はないのですか。」

と、柳生弁護士が訊ねると、東山弁護士が答えた。

「民事再生事案の裁判例ならあります。(注2) 投信の販売銀行が、投信の購入者（再生債務者）の支払の停止を知った後に、その者に対する保証債務履行請求権を保全するため、投信の受益権につき、債権者代位権に基づき、購入者に代わって解約請求を行い、投資会社から解約金が販売銀行に振り込まれ、販売銀行が貸金債権を自動債権とし解約金の支払債務を受動債権として相殺の意思表示をし、その後に再生手続開始決定があった事例について、銀行の相殺を認めなかったものですが、この裁判例がどこまで普遍化されるか確定していません。」

「どういう理屈で銀行の相殺を認めなかったのですか？」

「簡単に言えば、現実に投信が解約されるまでは、投信の受益権は、すべての再生債権者にとって投信の購入者の責任財産（一般配当資産）であるので、販売銀行の相殺や担保の対象とはならないという見解です。再生債務者の支払の停止後に、投信が解約され、販売銀行に解約金の支払義務が発生した場合において、販売銀行が支払の停止を知った後に投信の解約請求がなされているときは、販売銀行に相殺に対する期待があったとしても、それは合理的なものとはいえないから、支払の停止後に銀行が負担した債務、つまり解約金の支払債務と銀行の貸金債権とは相殺することは許されないのです。(注3)」

と、東山弁護士が簡潔に説明し、さらに

「問題は、投資会社と販売銀行との約款では、投信の解約金はいったん販売銀行に交付されることになっていて、しかも、システム上、投資会社は、個々の投資家との投資信託契約や精算内容を個別に把握せず、それらのことはすべてを販売銀行に任せていることにあると思います。」と、指摘した。

「そうすると、個々の投資家が販売銀行を通じて投信の解約請求をしても、投資会社はその他の解約請求と一括した対応しかしてくれないのですね。」

「そうです。投資会社は、販売銀行に、解約請求があったものを一括して、その解約金を総額で交付するのです。」

「だから、販売銀行は、投資会社から解約金の交付を受けたときに、解約請求者に対し解約金の支払義務が個別に発生するという理屈になるのですね。」

と、柳生弁護士が確認した。

「そのとおりです。結局、販売銀行は、投信の解約金の代理受領やその支払業務を行っているとはいえ、事実上、解約金を支配管理しているわけですし、更には銀行取引約定書で、銀行が支配管理しているものについては、事実上担保に取っているのと同じことになるのです。だから、銀行としても投信の解約金の支払債務についても、相殺の対象として期待することには合理性があると考えられているのです。」

と、東山弁護士は理路整然とした解説をした。

これを聞いた柳生弁護士は、

「支払の停止後ならともかく、支払の停止前に解約金を確保することが困難なことは分かりました。実際のところ、坂本社長にはどのようなアドバイスをしたのですか?」

と、訊ねた。

東山弁護士は

「土方銀行に今後の資金計画書を提出し、例えば、追加の保証人や担保を提供することを条件に、相殺を待ってもらい、解約金の資金利用を了解してもらうように再度折衝してみてはどうかと、アドバイスしたのです。」と、答えた。

「結局、余剰資金では、融資を受けている銀行から投信を購入しない、購入するなら別の銀行で購入することがいい、それが一番の予防策ということですね。」

と、柳生弁護士が念を押した。

「そういうことですね。要するに、旧来の銀行法の枠を超えて銀行に信託受益権の販売を認め、これにより債務者の正常な余剰資金まで将来の担保として先取りする結果となるシステムを認めるのか、一方で金融商品の流通による経済の活性化を促すのかという問題です。いわば「法と経済」の距離感の議論が絡むものです。信託法の趣旨に従い、信託財産の独立性を強化して、信託資金や解約金については販売銀行の一般の預かり資産とは別に管理し、受益者の信託財産の資金化を保護するのも一つの考えですね。」

と、東山弁護士が鋭い指摘をした。

柳生弁護士にとっては金融法務の難しさを実感した一日になった。

（注1） 平成一七年の証券取引法の改正に伴い成立した金融商品取引法と銀行法関連法規の整備により、銀行も投資信託を販売できるようになった。
（注2） 最高裁平成二六年六月五日第一小法廷判決・民集六八巻五号四六二頁。以下の亀甲カッコ内注

は筆者）は、「少なくとも、解約実行請求がされるまでは、上告人〔信託受益権者〕が有していたのは投資信託委託会社〔信託資金運用会社〕に対する本件〔信託〕受益権であって、これに対しては全ての再生債権者等が等しく上告人の責任財産としての期待を有しているといえる。上告人は、……解約実行請求がされたことにより、被上告銀行〔受益権販売銀行〕に対する……支払請求権を取得したものであるが、……解約実行請求は被上告銀行が上告人の支払の停止を知った後にされたものであるから、……相殺に対する期待があったとしても、それが合理的なものであるとはいい難い。……被上告銀行が本件債務〔解約金の支払債務〕をもってする相殺の担保的機能に対して合理的な期待を有していたとはいえず、この相殺を許すことは再生債権についての債権者間の公平・平等な扱いを基本原則とする再生手続の趣旨に反するものというべきである。したがって、本件債務の負担は、民事再生法九三条二項二号にいう『支払の停止があったことを再生債権者が知った時より前に生じた原因』に基づく場合〔相殺が禁止されない〕に当たるとはいえず、本件相殺は許されない」と判示する。

（注3）もっとも、受益権の購入者と販売銀行との約款の解釈として、投信会社から解約金が販売銀行に交付されることを条件として解約金の支払債務を負担すると理解することは可能で、これを民事再生手続開始や支払の停止など危機時期の前の原因による負担とする考え方もあるが、その負担に「相殺の合理的期待」を認めないとする今回の裁判例の結論には変わりはない。

知的財産権
「特許権侵害」

警告書

連休明けの月曜日の朝、増川弁護士がお気に入りのモーニングを作っていると、電話が鳴った。南港商事の織田社長だった。南港商事は、中堅商社で主に電子機器の輸入販売を手掛けている。

「先生、大変です。実は、当社が中国のＫＭ社から輸入して販売しているタブレットについて、『ベターマックス』というアメリカの会社から警告書が届いたのです。二週間以内にすべてのタブレット製品を廃棄し、損害も賠償せよと言ってきています。」

ベターマックス社といえば、アメリカの大手電子機器メーカー。織田社長も慌てるはずだ。

「落ち着いてください。どのような根拠で、警告されているのですか。」と、増川弁護士が訊ねた。

「最近、当社が中国のＫＭ社から仕入れたタブレット製品が特許権を侵害しているというのです。当社は、ＫＭ社から必要なライセンスも取っている、と言われていたので問題はないと思っていました。この製品のお陰で当社の売上が回復してきたところだったので、とにかく、警告書なんて困ります。」

一般的に、特許実務では特許権者が特許侵害品を製造している業者だけでなく、その仕入販売業者に対しても警告書を送るようなことはしない。(注1) 今回のベターマックス社の対応はかなり珍しいものだった。

増川弁護士はその点が気がかりになったが、取り敢えず、

「それでは、私がこれから御社へ伺いますので、警告書と製品現物を用意しておいていただけますか。対応を急ぎ考えましょう。」と、言って電話を切った。

南港商事会議室

南港商事の会議室に入ると、織田社長の後ろの壁には、問題の製品のパンフレットと、

中国のKM社の製造工場の写真が飾られていた。

早速、増川弁護士は警告書を一読した後、話し始めた。

「この警告書によると、御社のタブレット製品が、ベターマックス社のタッチパネルに関する登録特許の技術的範囲に属するので、特許権侵害に当たるという主張ですね。」

南港商事が輸入販売するタブレット製品のタッチパネルは、ガラス基盤に電極層が埋め込まれ、その上に電極パターン層のフィルムを貼る構造になっている。

増川弁護士は、

「ベターマックス社は、実際に、特許出願したタッチパネルの技術を採用したタブレット製品を製造していて、日本国内でも販売しているようです。技術的範囲に属すると主張されている点を、一つずつ見ていきましょう。」と、言いながら、警告書の記載と製品の現物を照らし合わせた。

その上で、増川弁護士は、どの点が侵害主張の根拠とされているのかを丁寧に説明した。

「織田社長、特許の技術的範囲は、クレームと呼ばれる特許請求の範囲の記載に基づいて定まります。これが、特許権侵害の成否の出発点となるのです。クレームの個々の構成要件をA、B、C、といった具合に分けた上で、特許権侵害とされる物件がこれらの構成要件を充たすか、一つずつ検討していくことになります。案外、地味で根気のいる作業ですよ。」

織田社長は、おぼろげながら理解したようだ。

「なるほど、そういうものですか。確かに、実に似たものを中国のＫＭ社が製造していたことがよく分かりましたが、先生、ベターマックス社の製品と中国のＫＭ社のものとで違うところもあります。ＫＭ社の製品は、原価を下げるために、タッチパネルの基盤に異なる素材を使用しているんです。そもそも、タブレット製品なんてみんな同じような技術を使っていますし、似たりよったりですよ。」

確かに織田社長のいうとおり、増川弁護士には、ベターマックス社の登録特許の技術がそこまで特徴的なものではないように思えたし、基盤の素材が違うというところにも、引っかかるものを覚えた。

「基盤の素材の点は気になりますね。この分野に詳しい木下信康弁理士に依頼して、御社の製品がこの特許の技術的範囲に属するといえるのか、それから、先方の特許権に無効事由がないかも検討してもらいましょう。」

と、増川弁護士は提案した。

「先生、お願いします。質問があります。素人考えですが、特許や意匠が無効だなんていうことがあるのですか。」

「はい、あります。実は、一度登録された特許や意匠も、登録要件を欠いていたことが後から発覚すれば、特許庁に無効審判を申し立てることができますし、(注2)裁判でも無効の抗弁として主張することができます。(注3)今回の場合は、ベターマックス社の登録特許が、新規性あるいは進歩性がなく、無効事由があるといえるどうか、検討する必要がありますね。実務上も、技術的範囲に属するかどうかという点と併せ、よく争われる論点なのですよ。」

「そうなのですか。弁理士さんに頼んでいただいたら、直ぐに、仕様書やタブレット製品に関するデータはすべて、増川先生宛にメールでお送りします。」

と、織田社長が言った。

「ベターマックスには、私から取り急ぎ、御社の代理人として書面で真摯に検討するのでもう少し時間をもらえるよう返答しておきますね。」と、増川弁護士が言った。

技術的範囲にしても、無効事由の有無にしても、複雑な話になればなるほど、技術の中身を理解している専門家の助力が不可欠だ。

増川弁護士は、事務所に戻った後、直ぐに懇意の木下弁理士に検討を依頼し、事案の概要を記載したメモと共に関係資料を転送した。

弁理士事務所

一週間後、増川弁護士は、織田社長と共に木下弁理士の事務所を訪ねた。

アメリカの大手企業からの要求に応じ、在庫製品を廃棄するとなれば、相当の損害が出るのだから、織田社長が焦るのも無理もない。

「先生、ご検討いただいた結果はいかがでしたか。」と、早速社長が訊ねた。

木下弁理士が説明を始めた。

「基盤の素材が違うことを考慮しても、技術的範囲に属する点は、否定しがたい気がします。特許の特徴的な部分（本質的部分）が何かを考えることが重要です。この特許は、電流の流れ方に関するところが本質的部分です。基盤の素材を変えても同じ効果を達成できますし、この素材を変えるという点は、この分野における一般的な製造業者(注4)からすると比較的思いつきやすいのではないかと思われます。判例上、均等論(注5)と呼ばれる理屈で特許権侵害が成立する可能性が高いとされています。」

増川弁護士が木下弁理士に質問する。

「無効事由については、いかがでしょうか。」

「その観点から戦う余地が十分にあると思います。調べてみたところ、日本でいまだビジネス展開をしていないアメリカの競合他社が、欧米のみですが、似たような技術を先に出願していました。本件特許と全く同じというわけではありませんが、一般的な製造業者であれば、この技術をもとに容易に本件のような特許の技術を思いつく可能性があるでしょうね。このことを根拠にして無効事由を主張できるように思います。本件は、登録特許の構成要件を充足しているか否かという『充足論』よりも、登録特許が無効であるという『無効論』を主戦場にするべき事案かもしれませんね。」

木下弁理士の見解を聞いた織田社長は、ほっと胸をなでおろした。

「織田社長、安心するのはまだ早いですよ。無効になると決まったわけではありませんよ」と、釘を刺し、増川弁護士が提案した。

「木下先生、無効論の方で戦う材料があるとのお話しなので、むしろ特許庁に無効審判の申立てをしても良いのではありませんか。(注6)」

「積極的な反撃に打って出るというのですね。ベターマックス社にプレッシャーを掛けられます、私も賛成です。」

と、木下弁理士が言った。

「では織田社長、早速、ベターマックス社に対する反論書面の作成に取り掛かることにします。木下先生には、無効審判の申立ての準備をお願いしてもよろしいですか。」

と、増川弁護士が織田社長の了解を取った。

こうして、南港商事は、先手を打って無効審判の申立てを行いつつ、ベターマックス社と交渉を進めることとなった。増川弁護士は、無効審判の申立てを行うと同時に、ベターマックス社に反論書面を送った。

急展開

数週間後、ベターマックス社の代理人弁護士から増川弁護士に電話が入った。

「南港商事様との件なのですが、実は、当社は、中国において、既に製造元のＫＭ社に対して訴訟を起こしています。こちらがメインターゲットです。そこで、南港商事様が、日本国内での販売を今後行わないことと、無効審判請求の取下げを誓約していただけるのであれば、在庫を当社が原価で買い取り、当社が貴社に対し特許権侵害訴訟を提起しないことを誓約することを考えています。」

ベターマックス社がこのような提案をしてきた背景事情を推察すると、本件で、万一、無効審判で特許権侵害が否定された場合、ＫＭ社からすれば、特許権者のベターマックス社がＫＭ社の販売先である南港商事に対し特許権侵害に当たると警告したことは、ＫＭ社に対する営業妨害になるとして不法行為に該当するとの主張が可能になる。おそらく、ベターマックスはこの点を危惧したのであろう。

そこで増川弁護士は、提案に応じることが南港商事にとっても損はないと考え、「それは、面白い条件ですね。早速、南港商事様と協議してみます。」と、言って電話を切った。

早速、増川弁護士は織田社長と打ち合わせを行った。

「社長、いかがでしょうか。在庫を買い取ってもらえるのでかなり良い条件であるとは思います。ただ、今後、タブレット製品の販売はできなくなりますし、中国の製造元との対応をどうするかも考えなければいけませんからね……。」

「私としては、この条件を呑もうと考えています。実は、中国側とは、この件があってから、全くの音信不通です。今は信頼関係もなくなっています。何より、当社は製造業者でないし、技術者でもありませんので、この件で延々と訴訟や審判手続を続けていくのは、正直、負担が重いのです。在庫を原価でも買い取ってもらえるのであれば、ここで手を打つのが得策だと思っています。先生方が速やかに適切な対応をしてくださったお陰で、良い方向に進みました。ありがとうございます」と言って、社長が頭を下げた。

「では、早速、和解合意書のドラフトを作成して、先方との合意に向けて交渉を進めます。」と、増川弁護士が応じた。

こうして、米中摩擦の狭間に置かれた南港商事の事案は、増川弁護士が予想したよりも早く、解決することになった。

（注1） 理論的には、特許の実施行為には「販売行為」も含まれるため、特許権侵害品を製造せず、単に販売している当事者も、特記権侵害の主体となる。

（注2） 特許法第一二三条第一項は、登録要件を欠くにもかかわらず登録された特許について、「その特許を無効にすることについて特許無効審判を請求することができる。」と規定する。また、同第一二五条は、「特許を無効にすべき旨の審決が確定したときは、特許権は、初めから存在しなかったものとみなす。」と規定する。

（注3） 特許法第一〇四条の三第一項は、「特許権又は専用実施権の侵害に係る訴訟において、当該特許が特許無効審判により又は当該特許権の存続期間の延長登録が延長登録無効審判により無効にされるべきものと認められるときは、特許権者又は専用実施権者は、相手方に対しその権利を行使することができない。」と規定する。

（注4） 正確には「当該発明の属する技術の分野における通常の知識を有する者」をいい、「当業者」と呼ぶ。

（注5） 最高裁平成一〇年二月二四日判決・民集五二巻一号一一三頁は「特許権侵害訴訟において、相

手方が製造等をする製品又は用いる方法（以下「対象製品等」という。）が特許発明の技術的範囲に属するかどうかを判断するに当たっては、願書に添付した……明細書の特許請求の範囲……に記載された構成中に対象製品等と異なる部分が存する場合であっても、右部分が特許発明の本質的部分ではなく、右部分を対象製品等におけるものと置き換えても特許発明の目的を達することができ、同一の作用効果を奏するものであって、右のように置き換えることに当該発明の属する技術の分野における通常の知識を有する者（以下、「当事者」という。）が対象製品等の製造等の時点において容易に想到することができたものであり、対象製品等が、特許発明の特許出願時における公知技術と同一又は当業者がこれから右出願時に容易に推考できたものではなく、かつ、対象製品等が特許発明の特許出願手続において特許請求の範囲から意識的に除外されたものに当たるなどの特段の事情もないときは、右対象製品等は、特許請求の範囲に記載された構成と均等なものとして、特許発明の技術的範囲に属するものと解するのが相当である。」と判示する。

（注6） 今回のケースのように、特許訴訟の中で、無効の抗弁を出すだけでなく、重ねて特許庁に対しても無効審判請求をするか否か、また、仮に重ねてするとしても、そのタイミングはケースバイケースだ。これらの判断はかなり難しい。弁護士によっても、そのスタンスも異なっているため、これといった正解があるものでもない。ただ、無効審判請求は、攻めの一手ではあるが、特許庁は、一旦、自らの判断を覆し、特許を無効とすることに躊躇しがちである。その一方で、一般的に、裁判所の方が比較的無効を認める傾向にあるため、あえて無効審判請求をしない選択もあるだろう。

国際取引

「香港商品説明条例」

海外展開

多忙を極める増川弁護士には、最近でも気がかりになっている案件があった。それは顧問先の株式会社京極コスメに関わることである。

京極コスメは、先代社長の京極栄一が創業した化粧品メーカーで、長年、国内大手コスメティックブランドの下請けを担ってきた。二代目の京極裕太が跡を継いでからは、積極的なオリジナル・ブランドの開発方針を打ち出し、頭髪にツヤが出るというシャンプーが小さなヒットとなった。

そんな中、三年ほど前に、裕太社長が、増川弁護士のところに相談に来た。

「増川先生、朗報です。先週、当社のシャンプーを仕入れて大々的に展開したいという中国の業者が日本に来ましてね。そろそろ海外展開したいと思っていたので、業者に工場見学をさせて製造工程を説明し、サンプル商品も差し上げたのです。業者も大喜びでしたので、中国で当社の販売代理店になってもらおうと思っています。ついては、販売代理店契約書を作っていただけませんか。」

「それは御社にとっても前向きな話ですね。ただ、まずは、基本的な条件等を先方との間で固めるべきだと思いますよ。あと、こちらから情報を開示してしまったことが少し気になりますね。今からでも秘密保持契約も結んでおいた方が安心でしょうね。」

と、増川弁護士がアドバイスをした。

「そうなんですか。では、私の方から先方に連絡してから、また、先生にご相談したいと思います。」と、社長はその日はひとまず帰っていった。

その二か月後、不幸にも裕太社長が若くして病死し、海外展開の話も立ち消えになった。中国の業者とも連絡が取れていないらしく、この件は全く進展しなかったが、増川弁護士にとっては、ずっと心に引っかかっていた。

海外での模倣品発見

増川弁護士の不安は、三年余の時を経て現実化した。

京極コスメの三代目として跡を継いだのは京極裕太の弟の京極裕次郎だった。裕次郎社長から増川弁護士に突然の連絡が入った。

「先生、困ったことになりました。香港で、当社の名前が入った模倣品が売られているというのです。」

と、社長が切り出した。

「どういうことですか。」

と、増川弁護士が訊ねると、社長が話し始めた。

「兄の裕太が亡くなって以来、当社は、香港どころか海外のどの国や地域でも商品の展開ができなかったのです。私が社長に就任して三年になり、経営も安定してきました。そこで、役員らと協議し、改めて海外展開にチャレンジしようと考え、まず、香港に従業員を視察に行かせたところ、当社が製造元と表示されたシャンプーがドラッグストアで販売されていたのを見つけたのです。販売業者は、なんと三年ほど前に当社を訪問してきた、あの中国の業者だったのです。」

「中身もそっくりそのままなのですか。」

「いいえ、分析してみたところ、確かに当社と似たような原材料を使っていますが、製造方法が悪いのか、かなりの粗悪品でした。当社の名前でこのような商品を売られていると、当社のブランド力に関わりますし、今後海外展開をしていく上でも大きなダメージとなります。なんとかして、粗悪品の販売を差し止められませんか。」

　と、社長が訴えた。

　増川弁護士は、社長の言い分ももっともな話だし、中国の業者がやっていることはかなり悪質であると思ったが、法的に考えると、なかなか難しい案件だ。香港での商標登録もなく、また問題の業者とは何らの契約関係にもないとなると、日本でいうところの不正競争防止法のような法律で保護を受けられる可能性がないかどうか、調べてみる必要がある。そうは言っても、各国には各国の法律があり、要件や効果も異なるとなると、この件は慎重にならざるを得ない。

　増川弁護士は、

「御社は、香港で商標登録もしていませんし、問題の中国業者との間で秘密保持契約も結べていませんので、粗悪品の販売を差し止めるとなると、少々骨が折れますね。一度、私から香港の弁護士に確認してみましょう。」と、答えるしかなかった。

香港の条例

増川弁護士は、早速、香港の友人であるウォン弁護士に問い合わせてみた。

「ウォンさん、お久しぶりです。メールさせていただいたように、悩ましい案件が来ています。クライアントは、香港での販売実績や商標登録もなく、また秘密保持契約も結べていないのですが、自社の名称を冒用されて困っているのです。香港には、これらの行為を規制する法律はないのですか。」

「香港には、商品説明条例という条例があります。これによれば、虚偽の説明を付して商品を販売する行為は犯罪となる、(注1)とされています。先生のクライアントを製造元として表示した商品を販売することは、虚偽説明に該当すると思います。刑事告訴することが良いでしょう。よろしければ、必要な書類や情報のリストをメールでお送りしますよ。」

と、ウォン弁護士が言ってくれた。

商品説明条例のことを教えてもらった増川弁護士は、「それはとても助かります。ありがとうございます。」と、礼を言った。

増川弁護士の予想どおり、香港には香港のローカルルールがあったのだ。海外の弁護士に現状を整理して過不足なく情報を伝え、短時間で有効な意見を聞き出すことも、国際取引に携わる弁護士に求められる役割の一つだ。

増川弁護士は、ウォン弁護士のアドバイスに従い、京極コスメの担当者と共に必要書類や情報を揃え、香港での刑事告訴手続を進めた。幸い、刑事告訴は功を奏し、件の中国の業者は起訴され、製品もすべて差し押さえられた。

海外企業との契約の進め方

「増川先生、この度は本当にありがとうございました。兄が軽率に工場見学などさせてしまったばっかりに、こんなことになるとは思いもよりませんでした。」

と、京極裕次郎社長は言った。

「今回の件では、中国の業者は、御社が香港で製品展開していないことに乗じたものでしたね。」と、増川弁護士が感想を述べると、社長は教えを請うた。

「お陰様で、当社は安心して海外展開にチャレンジできます。実は、香港のきちんとしたエージェントと販売代理店契約を締結しようと思っているところです。先生、改めて、どのように進めたら良いか教えていただけませんか。」

「まずは、契約交渉にあたってお互いに秘密情報を開示しなければならないような場合には、秘密保持契約[注2]、いわゆるＮＤＡ（Non-Disclosure Agreement）を先に締結するべきです。これも結ばないままに交渉をスタートして、原材料や製造工程といった重要な情報を先方に渡してしまうと、今回のように悪用されることにもなりかねません。このことは日本国内でも当てはまることなのですが、特に海外との取引の場合は、ローカルルールが予測できなかったり、調査のハードルも高かったりしますので、より慎重になるべきです。」

と、増川弁護士が分かりやすく解説した。

「ＮＤＡを締結した後は、どのように話を詰めていけばよいのでしょうか。」と、社長が訊ねた。増川弁護士が話し始めた。

「販売代理店契約と言っても、代理店契約（Agency Agreement）と販売店契約（Distributor Agreement）という二つのタイプの契約があります。前者は代理店に本人のための仲立ちをさせる契約形態です。代理店は顧客との売買契約の当事者とはならず、顧客へ販売された商品の所有権は本人から顧客へ直接移転することになりますし、代金回収のリスクも本人が負うことになります。その一方で、後者は、販売店が顧客との売買契約の当事者となり、本人から商品を仕入れて自らの名義で顧客に販売することになりますので、商品取引によって生じる損益はすべて販売店に帰属します。この違いを理解した上で、御社にとってどのような内容がいいのかをまず検討するべきでしょう。」

「その違いは初耳でした。社内でよく検討してみます。」

「御社でおおよその希望条件が決まったら、タームシートというものを作ってみても良いかもしれませんね。契約書の中に盛り込む重要な事項を箇条書きにし、先方にそれを提示して話をすると、お互いの認識も統一できて話し合いもスムーズにいくでしょう。」

「それは確かに便利ですね。ひな形[注3]をいただけませんか。」

「では、後ほどメールでお送りしましょう。」

と、増川弁護士が言った。

「よろしくお願いします。」と、言って社長は帰っていった。

こうして、京極コスメは、過去の失敗を踏み台に、海外へとその販路を開拓していくことになった。増川弁護士としても、胸のつっかえが一つなくなったような気がして、印象深い事件となった。

（注1）　中華人民共和国香港特別行政区の商品説明条例（第三六二章）第七条第一項aは、「本条例の

規定に従い、取引又は事業の過程において、商品に虚偽の取引説明を表示し、又は、虚偽の取引説明が表示された商品を供給し、若しくは、供給の募集をする行為は、（略）犯罪を構成する。」旨規定する。

（注2）定型的な契約文言としては次のようなものである。

「契約の締結日より五年間、本契約のいずれの当事者も、他方当事者の事前の書面による同意なく、当該本件財産的情報を第三者に開示せず、また、開示された目的以外に当該本件財産的情報を利用しないものとする。本契約の各当事者は、第三者への本件財産的情報の開示を防ぐために、自己の財産的情報の第三者への開示を防ぐために使用するのと同様の予防措置を講ずるものとする。」

（注3）独占的販売代理店契約（独占的Distributorの場合）のひな形の全文は長文なので、特に留意すべき条項のみを紹介する。

例えば、日本国内で特定の製品の製造、販売業を営む法人（サプライヤー）が、外国のある地域（本地域）において自社製品（本製品）を、本地域の法律で設立された外国法人の販売チャンネルを通じて再販売するため、当該法人（代理店）と独占的販売代理店契約を締結する場合、次のような独占的Distributorの関係を規定する条項を設ける必要がある。

① 本契約に規定される条件に従い、サプライヤーは、ここにおいて、代理店を本地域における本製品の自己の独占的販売代理店として指名し、本地域における再販売のために本製品をサプライヤーから購入する権利を付与するものとし、代理店は、当該指名を受諾し、引き受ける。

② 本契約により成立するサプライヤーと代理店間の関係は、単に売主と買主の関係であり、代理店は、いかなる目的においても、決してサプライヤーの代表者又は代理人ではなく、また、サプライヤーの名において、若しくはサプライヤーを代理して、明示的若しくは黙示的を問わず、いかなる種類の義務若しくは責任を創設し、若しくは引き受け、又はいかなる方法においてもサプライヤーを拘束する権利若しくは権限をも有しないものとする。

③ サプライヤーは、代理店を除く本地域内のいかなる第三者に対しても、本製品を販売してはならない。

さらに、売上げ確保の観点から、現地の代理店に一定の購入義務を課すため、次のような規定を置くことが重要である。

代理店は、以下の各契約年度においてサプライヤーから少なくとも以下の金額（以下「最低購入額」という。）の本製品を購入しなければならない。

契約初年度：………。 契約二年度：………。 契約三年度：………。

なお、解釈の争いを避けるため、「契約初年度」は効力発生日から開始し、効力発生日の一年後に終了する。

著者紹介

中尾　巧（なかお・たくみ）
弁護士（弁護士法人淀屋橋・山上合同顧問）

1972年東京地検検事任官。法務省訟務局租税訟務課長、大阪地検刑事部長・次席検事、金沢地検検事正、法務省入国管理局長、大阪地検検事正、札幌・名古屋・大阪各高検検事長等を歴任。2010年弁護士登録後、上場企業の社外役員や法律顧問、公益財団法人入管協会理事、国立大学法人神戸大学理事などを務める。

著書に『法曹一路』（2021年）、『法曹漫歩』（2019年）、『検事長雑記』（2016年）、『検事長余話』（2015年、以上中央公論新社）、『弁護士浪花太郎の事件帖』（2013年、法学書院）、『税務紛争への対応』（2013年、編著・中央経済社）、『税務訴訟入門［第5版］』（2011年、商事法務）、『検事の風韻』（2011年、立花書房）、『中之島の風景』（2010年、商事法務）、『海事犯罪――理論と捜査――』（2010年、編著・立花書房）、『検事はその時』（2009年、PHP研究所）など。

若手弁護士のための　弁護実務入門

2022年８月30日　初版第１刷発行
2022年11月１日　初版第２刷発行

著　者　中　尾　　巧
発行者　阿　部　成　一

〒162-0041　東京都新宿区早稲田鶴巻町514
発行所　株式会社　成　文　堂
電話 03(3203)9201(代)　FAX 03(3203)9206
http://www.seibundoh.co.jp

製版・印刷・製本　惠友印刷　検印省略

ISBN978-4-7923-0704-2　C3032
定価（本体2,200円＋税）